BIER SELBST BRAUEN

BIER SELBST BRAUEN

Greg Hughes

DK

DK London
Redaktionsleitung Peggy Vance
Cheflektorat Dawn Henderson
Lektorat Bob Bridle
Art Director Peter Luff
Bildredaktion Christine Keilty, Heather Matthews
Herstellung Sarah Isle, Jen Scothern, Oliver Jeffreys
Umschlaggestaltung Nicola Powling, Rosie Levine
Fotos Tony Briscoe und Ian O'Leary

DK Delhi
Cheflektorat Alicia Ingty
Redaktion Kokila Manchanda
Bildredaktion Navidita Thapa, Anchal Kaushal, Tanya Mehrotra
DTP-Design Umesh Singh Rawat, Arvind Kumar
Herstellung Pankay Sharma, Sunil Sharma

Für die deutsche Ausgabe:
Programmleitung Monika Schlitzer
Projektbetreuung Hannah Schrott
Herstellungsleitung Dorothee Whittaker
Herstellungskoordination Madlen Richter
Herstellung Eugen Lempp

Titel der englischen Originalausgabe:
Home Brew Beer

3. Auflage, 2017

Übersetzung Brigitte Rüßmann, Wolfgang Beuchelt (Scriptorium Köln)
Lektorat Carola Pröbstle

ISBN 978-3-8310-2740-8

Repro Altaimage Ltd
Druck und Bindung Leo Paper Products, China

Besuchen Sie uns im Internet
www.dorlingkindersley.de

Hinweis
Die Informationen und Ratschläge in diesem Buch sind von den Autoren und vom Verlag sorgfältig erwogen und geprüft, dennoch kann eine Garantie nicht übernommen werden. Eine Haftung der Autoren bzw. des Verlags und seiner Beauftragten für Personen-, Sach- und Vermögensschäden ist ausgeschlossen.

Inhalt

Vorwort

Eigenes Bier zu brauen und nach getaner Arbeit zu genießen ist zweifelsohne eines der größten Vergnügen, die es gibt.

Meine Laufbahn in der Bierindustrie verdanke ich meinem Interesse am Selbstbrauen. Bereits als Kind faszinierte mich alles, was mit Bier und Brauen zu tun hatte – vermutlich weil ich viel über meinen verstorbenen Großvater gehört hatte, der Braumeister gewesen war. Auf Familienausflügen notierte ich mir jede Brauerei, an der wir vorbeikamen, und die Namen, die auf den Schildern standen. Als ich selbst mit dem Brauen anfing, orientierte ich mich an den Bieren dieser Brauereien und verbesserte kontinuierlich meine Rezepte, um ihnen so nahe wie möglich zu kommen. Dabei erlernte ich nach und nach neue Techniken und Tricks des Handwerks. Natürlich machte ich auch Fehler (die mir mit diesem Buch in der Hand wohl nicht passiert wären), aber selbst Fehler können interessante Resultate zeitigen: So entstand mein erstes Helles, weil ich vergessen hatte, Caramalz für das eigentlich angestrebte dunkle Ale zu verwenden.

Noch heute finde ich Brauen so spannend wie vor 33 Jahren, als ich mein erstes Bier ansetzte. Vermutlich wird es Ihnen – unabhängig von der angewendeten Methode – ebenso gehen, vor allem, wenn der Moment der Wahrheit kommt und Sie nach geduldigem Warten auf Gärung und Reifung endlich das Ergebnis Ihrer Bemühungen verkosten dürfen.

Bier selbst zu brauen ist eine relativ einfache, jedoch ungemein befriedigende Tätigkeit. Wenn Sie auf Sauberkeit achten, die Temperatur sorgfältig kontrollieren und nur die frischesten Zutaten verwenden, sollte Ihnen ein Bier gelingen, das den Industrieprodukten, wenngleich nicht überlegen, so doch zumindest ebenbürtig ist. Vielleicht lassen Sie ja sogar alte Sorten und Stile wiederaufleben, die schon lange nicht mehr im Handel erhältlich sind. Angesichts der riesigen Auswahl an Hopfensorten, Malzarten und Hefestämmen sind die Möglichkeiten für Experimente nahezu unbegrenzt.

Antrieb für meine Braukarriere war stets die Freude daran, besondere und qualitativ hochwertige Biere herzustellen. Ob Sie für sich selbst brauen oder Freunde bewirten möchten – ich hoffe, dieses Buch hilft Ihnen dabei, ebenso viel Lust am Brauen zu finden wie ich.

Stets durstig,

Keith Bott

Vorsitzender der Society of Independent Brewers

Einführung

Selbstbrauen ist das perfekte Hobby für jeden Bierliebhaber. Es ist nicht nur unglaublich befriedigend, sein eigenes wohlschmeckendes Bier zuzubereiten; Sie können jeden Bierstil erzeugen, der Ihnen schmeckt – selbst solche, die Sie nicht so einfach im Geschäft kaufen können.

VIEL SPASS – GERINGER AUFWAND

Selbstbrauen ist relativ einfach und kostet nur einen Bruchteil dessen, was man für Bier im Supermarkt bezahlt. Mit der Zeit werden Sie vermutlich das gesparte Geld in eine neue Ausrüstung investieren; aber selbst dann ist Bierbrauen kein Verlustgeschäft, sondern vielmehr ein schönes und erfüllendes Hobby. Abgesehen davon ist das Selbstbrauen ein ziemlich uneigennütziger Zeitvertreib, da man immer genügend feines Bier zum gemeinsamen Genießen hat. Sie werden vermutlich mehr Bier brauen, als Sie selbst trinken können – das freut nicht nur Freunde und Nachbarn!

DER EINSTIEG

Mit einem Bierkit ist Brauen nicht schwieriger als eine Fertigmahlzeit zu erhitzen und zeitigt oft schon beeindruckende Resultate. Hier können Sie mit minimalem Aufwand bereits überraschend gutes Bier brauen und abfüllen. Viele Heimbrauer sind damit völlig zufrieden, aber wenn Sie dieses Buch gelesen haben, möchten Sie vielleicht doch selbst noch mehr variieren. Umso mehr wird es Sie freuen, dass Sie sich mit lediglich ein wenig Mehraufwand die ganze Welt professionell gebrauter, höchst individueller Biere erschließen können.

BRAUEN MIT MALZEXTRAKT

Der nächste logische Schritt ist das Brauen mit Malzextrakt. Das ist immer noch relativ unkompliziert und erfordert nur geringen Materialaufwand, bietet aber die Möglichkeit, mit den unterschiedlichsten Zutaten zu experimentieren und Erfahrungen zu sammeln. Das Ergebnis gewinnt dadurch, dass man das Bier aus frischen Zutaten zubereitet hat. Allein frischer Hopfen macht im fertigen Bier schon einen gewaltigen Unterschied.

WACHSENDES KÖNNEN

Früher oder später werden Sie sich dem Maischebrauen zuwenden wollen, dem »Heiligen Gral« der Hobbybrauerei. Die Handwerkskunst des Maischebrauens erfordert mehr Zeit, Recherche und Übung und ist ein Prozess der steten Weiterentwicklung. Je mehr Erfahrung Sie sammeln, desto besser werden Ihre Biere. Außerdem werden Sie zunehmend in der Lage sein, mit gleichbleibender Qualität zu brauen und exakt die Biere herzustellen, die Sie von Anfang an zubereiten wollten.

MYTHEN UND LEGENDEN

Bestimmt haben auch Sie schon Horrorgeschichten von explodierenden Flaschen und verstimmten Mägen gehört; vielleicht hatten Sie sogar selbst schon mal ein unschönes Erlebnis. Natürlich können Flaschen explodieren; es ist jedoch eher unwahrscheinlich, wenn Sie sich an die Anleitung halten. Auch dass man von Bier krank wird, ist wenig wahrscheinlich, da der Alkohol die meisten Keime abtötet. Die Qualität der Zutaten ist heute besser als je zuvor; Informationen und Ratschläge findet man in Hülle und Fülle.

FÜR JEDEN ETWAS

Ich habe versucht, in diesem Buch so viele Informationen wie möglich zusammenzutragen, ohne mich in Details zu verlieren. Es gibt ja ganze Bücher allein zu Hefe oder zu einzelnen Bierstilen; ich halte es für wesentlich sinnvoller, zunächst die Grundtechniken und Zubereitungsmethoden zu erlernen, bevor

man sich auf ein bestimmtes Gebiet spezialisiert.

Die Rezepte in diesem Buch decken alle wichtigen Bierstile ab, sodass Sie das perfekte Lager, Ale oder Weizenbier für sich finden sollten. Manche Rezepte sind komplizierter als andere – das kann man dann als Herausforderung sehen. Wie bei jedem Handwerk werden die Ergebnisse umso besser, je mehr Sorgfalt und Mühe Sie investieren. Das Resultat wird sicher nicht jedes Mal perfekt sein, aber Ihr Bier wird trotzdem schmecken.

Das Heimbrauen ist eines der schönsten Hobbys, die es gibt; ich bin sicher, dass es Ihnen auf Jahre hinaus Freude bereiten wird. Ich wünsche Ihnen viel Spaß beim Brauen – lassen Sie sich durch die Rezepte inspirieren!

Greg Hughes

Einleitung

Ein Blick in die Geschichte

Bierbrauen hat eine jahrtausendealte, faszinierende Geschichte – sie führt uns von den staubigen Ebenen Mesopotamiens hin zu den weltweit verbreiteten Heimbrauereien unseres Jahrhunderts.

7000 v. Chr. – Jäger und Sammler in Mesopotamien (dem heutigen Irak) **bauen eine frühe Getreidesorte an,** die sie vermutlich zu einer Art Bier vergären ließen.

Tonscherben, die man bei Ausgrabungen in Jiahu in China in einem Steinzeitdorf gefunden hat, **zeigen Spuren alkoholischer Getränke**.

12.–13. Jahrhundert – **Erster kommerzieller Hopfenanbau** in Norddeutschland, gefolgt vom Export gehopften Bieres.

Gerstenkörner

822 n. Chr. – Abt Adalhard vom Benediktinerkloster Corbie in Nordfrankreich verfasst ein Regelwerk zur Führung der Abtei, bei dem es auch um das Ernten von ausreichend Hopfen für das Bierbrauen geht – **die erste dokumentierte Verbindung zwischen Hopfen und Bier.**

Frische Hopfendolden

1516 – **In Bayern wird das »Reinheitsgebot« erlassen.** Danach sind als Zutaten zum Bierbrauen nur Gerste, Hopfen und Wasser erlaubt. Das Gesetz gilt erst ab 1906 in ganz Deutschland.

1710 – Das englische Parlament legt **Hopfen als einzig erlaubten Bitterstoff** fest, um die Einnahmen durch eine Hopfensteuer zu sichern. Dadurch wird Hopfen zum bedeutendsten Bitterstoff für Bier in der westlichen Welt.

7000 v. Chr. | 4300 v. Chr. | 822 n. Chr. | 1040 | 12.–13. Jh. | 1412 | 1516 | 1587 | 1710

4300 v. Chr. – Auf babylonischen Tontafeln findet sich auch ein Rezept für ein **alkoholisches Getränk aus Getreide**.

1040 – In der bayerischen Abtei Weihenstephan entsteht die **erste kommerzielle Brauerei,** mit der die Mönche Geld verdienen. Im Mittelalter wird Bier in ganz Europa zu einem der beliebtesten Getränke. Da es vor der Gärung gekocht wird, ist es in Zeiten verseuchter Brunnen ein sicherer Flüssigkeitsspender. Außerdem macht es sein hoher Kaloriengehalt zu einem wichtigen Nahrungsmittel.

1412 – Früheste Erwähnung eines in England gebrauten **gehopften Bieres**.

Gehopftes englisches Ale

»Der Brauer« – Holzschnitt aus dem 16. Jahrhundert

1587 – Siedler im nordamerikanischen Virginia brauen ihr **erstes eigenes Bier** (lassen sich aber zusätzlich Nachschub aus England liefern).

1810 – In München wird ein Fest anlässlich der **Hochzeit des Kronprinzen Ludwig** gefeiert; es wird in der Folge zum weltweit berühmten **Oktoberfest.**

Traditioneller deutscher Bierkrug

Hopfenranken

1950er – In den Sommerferien ziehen bis zu **10 000 Londoner,** manchmal ganze Straßenzüge, auf die Hopfenfelder in Kent, um den Hopfen für die **lokalen Brauereien** zu ernten.

1990 bis heute – **Hobbybrauen wird zunehmend beliebter;** es kommen immer mehr Bierkits und Zutaten auf den Markt.

In den letzten Jahren erwachte das Interesse am Heimbrauen erneut; so verkaufte der britische Zulieferer Muntons im Jahr 2012 mehr als 500 000 Kits – doppelt so viele wie noch 2007.

Bierkit zum Selbstbrauen

1857 – Der französische Chemiker Louis Pasteur entdeckt, dass **Hefe für die alkoholische Gärung verantwortlich** ist. Dadurch können Brauer die Gärung steuern und besseres Bier brauen.

Trockenhefe

1971 – Die englischen Journalisten Michael Hardman, Graham Lees, Bill Mellor und Jim Makin haben die Idee zu einer **Verbraucherorganisation für Biertrinker.** Daraus entsteht die Campaign for Real Ale (CAMRA).

Real Ale im Glas

1810 › **1842** › **1857** › **1919** › **1950er** › **1963** › **1971** › **1979** › **1990–heute**

1919 – Der 18. Zusatz zur US-amerikanischen Verfassung kennzeichnet den **Beginn der Prohibition,** welche Herstellung, Transport und Verkauf von Alkohol verbietet, einschließlich selbst gebrauten Biers.

Pilsner im Glas

1842 – Im böhmischen Pilsen entsteht das **erste helle, untergärige Bier**. Dieser Bierstil wird heute weltweit gebraut.

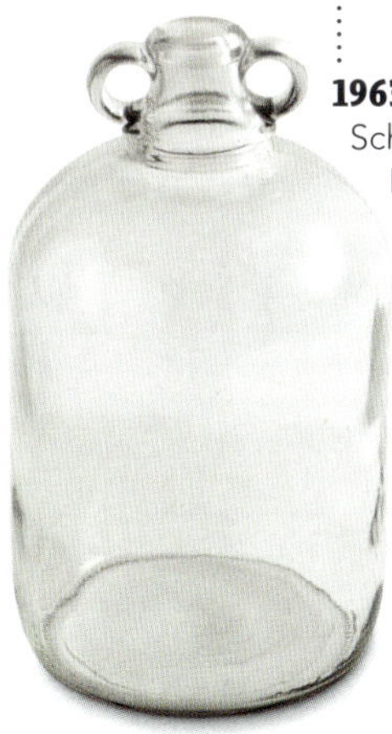

Gärballon aus Glas

1963 – Der britische Schatzkanzler Reginald Maudling hebt die **Steuer- und Lizenzpflicht für Hausbrauer** auf. Dadurch gewinnt die Hobbybrauerei in den 1970er-Jahren in England zunehmend an Popularität.

Flaschen und Kronkorken

1979 – Wegen eines Versäumnisses bei der Aufhebung der Prohibition im Jahre 1933 wird in den USA dank des Cranston-Gesetzes die **Hausbrauerei legalisiert.**

Die Craft-Bier-Revolution

Der globale Biermarkt wird von den großen Braukonzernen beherrscht. In den letzten Jahren entstehen jedoch immer mehr Kleinbrauereien, die Bier auf »handwerkliche« Art herstellen.

70 KLEIN-BRAUEREIEN
gibt es allein in der kanadischen Provinz Ontario.

100 % ZUNAHME
verzeichnete Ontario zwischen 2007 und 2010 bei den Craft-Bier-Verkäufen.

15 % MEHR
Craft-Bier wurde 2012 in den USA registriert (der gesamte Biermarkt wuchs nur um 1%).

97 % DER BRAUEREIEN
in den USA wurden 2012 als Kleinbrauereien eingestuft.

1 MILLION AMERIKANER
brauten 2012 ihr Bier zu Hause selbst.

40 KLEIN-BRAUEREIEN
gibt es in Mexiko, wo Craft-Bier einen zwar noch kleinen, aber schnell wachsenden Anteil am Biermarkt hat.

500 000 BIERKITS
verkaufte Munton 2012 in Großbritannien.

50 NEUE KLEINBRAUEREIEN
eröffnen jedes Jahr in Großbritannien.

1000 BRAUEREIEN
gab es 2012 in Großbritannien – mehr als in den 70 Jahren zuvor.

500 % PLUS
weist der Umsatz der Ilkley-Kleinbrauerei in North Yorkshire seit 2009 aus.

132 LITER
Bier wurden 2010 in der Tschechischen Republik – der Heimat der durstigsten Biertrinker der Welt – pro Kopf getrunken.

82 MILLIONEN LITER
Bier stellten die Mitglieder des Verbands der französischen Kleinbrauereien 2011 her.

WAS IST CRAFT-BIER?

Als Craft-Bier (sog. Handwerksbier) bezeichnet man Bier, das von kleinen, unabhängigen Brauereien auf traditionelle Weise aus natürlichen Zutaten hergestellt wird. Kleinbrauer achten sehr aufs Detail und produzieren so Biere, die ihren massenproduzierten Pendants häufig qualitativ überlegen sind. Sie verfügen zwar nicht über die Werbebudgets der Marktführer, können aber leichter kleine Chargen natürlicher Biere ohne jegliche chemische Zusätze herstellen, was sich für die großen Brauereien wirtschaftlich schlicht nicht lohnt.

Vom Feld ins Glas

Beim Brauen weicht man Stärke – meist in Form gemälzten Getreides – in Wasser ein, gibt Hopfen für Bittere, Geschmack und Aroma hinzu und lässt diese »Würze« mithilfe von Hefe vergären.

1. VORBEREITEN

Alle Gerätschaften, die mit dem Bier in Kontakt kommen, müssen gründlich gereinigt und sterilisiert werden (siehe S. 46f.), da Bakterien den Brauvorgang zunichte machen können.

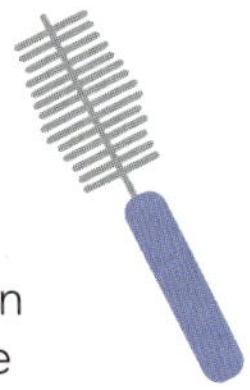

2. EINMAISCHEN

In der Maische (siehe S. 59) wird die im Malz enthaltene Stärke in vergärbare Zucker umgewandelt. Dazu bedeckt man das Getreide mit heißem (nicht kochendem) Wasser und erhält eine süße Flüssigkeit, die sogenannte Würze.

6. GÄRUNG

Die abgekühlte Würze wird in den Gärbottich umgefüllt und mit Hefe versetzt (siehe S. 62). Anschließend wird der mit einem Ventil versehene Deckel verschlossen; die Würze gärt etwa eine Woche lang bei einer bestimmten Temperatur, wobei die Zucker in Alkohol umgewandelt werden.

7. ABFÜLLEN

Sobald die Gärung abgeschlossen ist, kann man etwas weiteren Zucker ins Bier geben, um in der Nachgärung mehr Kohlensäure zu erhalten. Das Bier wird dann in Flaschen oder Fässer abgefüllt, wo es einige Zeit reift.

3. ANSCHWÄNZEN

Beim Anschwänzen werden die Treber auf der Oberfläche der Maische mit Wasser besprüht, um die restlichen Zucker auszuspülen (siehe S. 60). Dann wird die Würze in den Braukessel umgefüllt.

4. WÜRZEKOCHEN

Die Würze wird etwa eine Stunde lang kräftig gekocht (siehe S. 61) und in Abständen mit Hopfen versetzt. Durch das Kochen wird die Würze sterilisiert; der Hopfen verleiht ihr Bitterkeit, Geschmack und Aroma.

5. ABKÜHLEN

Nach dem Kochen wird die Würze zügig auf die Gärtemperatur abgekühlt (etwa 20 °C; siehe S. 61). Ist die Würze zu heiß, wird die Hefe, die jetzt hinzukommt, abgetötet. Eine schnelle Abkühlung verringert die Gefahr von Bakterienbefall und Fehltönen im Bier.

8. REIFUNG

Je nach Bierstil und Rezept muss das abgefüllte Bier in der Flasche oder im Fass mindestens zwei Wochen lang bei einer vorgegebenen Temperatur reifen. In dieser Zeit klärt es sich und der Geschmack kann sich voll entfalten.

9. AUSSCHENKEN

Nach der Reifung ist das Bier bereit zum Verkosten. Schmeckt das Bier trotz Nachgärung zu schal, lagert man es noch einige Tage an einem warmen Ort. Ist es zu lebhaft, kann man es vor dem Ausschenken kühlen.

Zutaten

Malz

Malz ist Getreide, das gekeimt hat und anschließend getrocknet wurde. Diesen Prozess nennt man »Mälzen«. Dabei entstehen Enzyme, die die im Getreide enthaltene Stärke in vergärbare Zucker umwandeln.

Am häufigsten verwendet man Gerste zum Mälzen. Das Getreide ist reich an Enzymen und kann deshalb vergärbaren Zucker in großen Mengen produzieren. Daneben sind bei Brauern auch Weizen- und Roggenmalz sehr beliebt.

Man unterscheidet je nach der Anordnung der Körner an der Ähre drei Formen der Gerste: zweizeilige, vierzeilige und sechszeilige Gerste. Zum Brauen verwendet man meist die zweizeilige Gerste, da sie wenig Eiweiß enthält und viel vergärbaren (fermentierbaren) Zucker produziert.

DAS MÄLZEN

Das Malz wird in Malzfabriken (Mälzereien) produziert. Hier wird das Getreide mit Wasser besprenkelt, damit es zu keimen beginnt. Sobald die Keimung weit genug fortgeschritten ist, wird der Prozess gestoppt, indem die Körner mit warmer Luft getrocknet werden. Abschließend wird das gemälzte Getreide »gereinigt«, um Wurzel- und Blattkeimlinge zu entfernen.

Das Darren

Das gereinigte Malz wird anschließend »gedarrt«, das heißt getrocknet und geröstet. Je höher die Temperatur, desto dunkler und aromatischer wird das Malz. Leicht geröstetes Malz hat viel enzymatische Kraft und produziert reichlich vergärbare Zucker, wenn es bei der Maischung (siehe S. 59) mit heißem Wasser verrührt wird. Stark geröstetes Malz produziert hingegen nur wenig oder keine vergärbaren Zucker; es soll dem Bier eher Farbe, Geschmack und Aroma verleihen.

Ganze Malzkörner

Tennenmälzerei

Traditionell breitete man das Getreide nach dem Befeuchten auf dem Boden einer Tenne zum Trocknen aus und wendete es regelmäßig mit großen Rechen, damit es gleichmäßig trocknete, ohne zu schimmeln. In den 1940er-Jahren entwickelte man industrielle Techniken, die das Mälzen effizienter machten und die Verarbeitung wesentlich größerer Mengen auf einmal erlaubten. Auch heute noch liefert die traditionelle Methode das beste Malz; sie ist mittlerweile jedoch selten geworden und für kommerzielle Brauereien in der Regel zu teuer.

Schroten

Beim Mälzen bleiben die Getreidekörner ganz; sie müssen daher zerkleinert (geschrotet) werden, bevor man sie in die Maische geben kann. Erst das Schroten ermöglicht eine effiziente Umwandlung der Stärke in Zucker. Die meisten Anbieter liefern geschrotetes Malz; Sie können Ihr Malz jedoch auch ganz kaufen und selbst schroten. Die Arbeit ist aufwändig und macht Schmutz; andererseits arbeiten Sie so mit dem frischesten Malz. Lagern Sie das Schrot in einem luftdicht schließenden Behälter; so hält es sich mehrere Monate lang.

DIE FARBSKALA

Die Farbe des Malzes – und damit die Farbe des Biers – wird nach einer von drei international anerkannten Methoden gemessen: EBC (European Brewery Convention, die hier im Buch verwendete Methode), SRM (Standard Reference Method) und Degrees Lovibond (° L), einer 1883 vom englischen Brauer Joseph Williams Lovibond entwickelte Skala. SRM entspricht in etwa ° L; EBC = SRM × 1,97.

FARBE			
EBC	4	6	8
SRM/LOVIBOND	2	3	4
BIERSTIL	Helles Lager	Weißbier	Pilsner

BASISMALZE

Das sind leicht geröstete Malze, die den Hauptteil der Schüttung (Malzmischung) ausmachen und die am meisten fermentierbaren Zucker liefern.

Helle Basismalze
Verwenden Sie Pilsner- und Lagermalze für sehr helle ober- und untergärige Biere. Für alle anderen Biere nutzen Sie helle Basismalze wie Maris Otter oder Halcyon.

Dunkler geröstete Basismalze
Dunklere Basismalze liefern stärkeren Malzgeschmack und reichlich fermentierbaren Zucker.

Weizenmalz
Weizenmalz produziert nicht nur Zucker, sondern liefert auch Eiweiß, das den Schaum stabiler macht und das Bier leicht eintrüben kann. Weizenmalz ist jedoch nicht immer leicht zu maischen.

Roggenmalz
Roggenmalz wird seltener verwendet als Gersten- oder Weizenmalz, verleiht dem Bier aber würzige Noten. Es kann wie Weizen schwierig zu maischen sein und sollte nur in kleinen Mengen verwendet werden.

Helles Basismalz

Weizenmalz

SPEZIALMALZE

Spezialmalze werden in der Schüttung nur in kleinen Mengen eingesetzt, um dem Bier Geschmack, Farbe und Aroma zu verleihen. Sie liefern nur wenig fermentierbaren Zucker.

Karamellmalz
Diese auch als Caramalze bekannten Malze sind in verschiedenen Sorten erhältlich, die bei unterschiedlichen Temperaturen gedarrt wurden. Sie liefern Honig-, Karamell- und Toffeenoten.

Ambermalz
Ein in England beliebtes Röstmalz mit trockenem Biskuitgeschmack, das Ales und Porters Farbe verleiht. Es sollte nur in kleinen Mengen verwendet werden.

Röstmalze
Dunkel geröstete Malze haben keinen oder wenig fermentierbaren Zucker, liefern aber kräftige Farbe, Noten und Aromen.

Karamellmalz

Ambermalz

Röstmalz

12	16	20	26	33	39	47	57	69	79	138
6	8	10	13	17	20	24	29	35	40	70
Märzen, Festbier	**Honey Ale**	**Pale Ale**		**Alt**			**Dunkler Bock**		**Stout**	**Porter**

Zucker und vergärbare Rohstoffe

Für manche Bierstile verwendet man andere Rohstoffe als Gerstenmalz (siehe S. 22f.) und zusätzliche vergärbare Zucker. Diese oft ungemälzten Rohstoffe haben erhebliche Auswirkungen auf den Geschmack.

WEIZENFLOCKEN
Hier handelt es sich um ungemälzten Weizen, der sanft gekocht und zu Flocken gewalzt wird. Er verleiht einen charakteristischen Geschmack und stabilen Schaum.

DINKEL
Der mit dem Weizen verwandte Dinkel gibt als Malz einen angenehmen Geschmack. Er ist sehr aromatisch und sollte nur in kleinen Mengen verwendet werden.

REISFLOCKEN
Die besonders bei amerikanischen und japanischen hellen Lagerbieren beliebten Reisflocken sind preiswert und produzieren ausgeprägt trockene Biere mit wenig Geschmack.

GERÖSTETE GERSTE
Ein sehr dunkles, ungemälztes Getreide mit geringer, adstringierender Bittere. Mit seinen dunklen Kaffeenoten eignet es sich perfekt für Stouts und Porters.

HAFERFLOCKEN
Die gewalzten Flocken sind leichter zu verarbeiten als ganze Körner und müssen nicht vorgekocht werden. Sie verleihen Porters und Stouts eine seidige Cremigkeit.

MAISFLOCKEN
Maisflocken sind ein vor allem in Amerika und England sehr beliebter Rohstoff zum Brauen. Sie ergeben sehr leichte Biere mit subtiler Maisnote und einem neutralen Abgang.

MALZEXTRAKT

Malzextrakt ist vergärbarer Zucker aus Gerstenmalz (siehe S. 22f.) in konzentrierter Form. In Wasser verrührt wird er mit Hopfen zur Würze verkocht oder wie Zucker verwendet, um die Stammwürze zu erhöhen oder auch die Nachgärung auszulösen (siehe S. 66).

Malzextrakt oxidiert, wenn er längere Zeit Kontakt mit Luft oder Feuchtigkeit hat, deshalb sollte man nur frische Ware verwenden. Einmal geöffnet, kann man ihn eine Zeit lang in einem luftdichten Behälter im Kühlschrank aufbewahren.

Trockenmalzextrakt

Malzextraktpulver entsteht durch Sprühtrocknung, bei der man Bierwürze erhitzt und in einen Heißluftstrom sprüht, wo sie schnell zu einem feinen Pulver trocknet. Damit man Malzextraktpulver verarbeiten kann, verrührt man es in etwas kaltem Wasser und verkocht es dann mit Hopfen zu einer fermentierbaren Würze.

Flüssiger Malzextrakt

Diese sirupartige Substanz entsteht, indem man Bierwürze erhitzt, bis ein Teil der Flüssigkeit verkocht. Durch die Hitze dunkelt das Malz etwas nach und wird während des Kochens beim Brauvorgang noch dunkler. Möchten Sie flüssigen statt trockenen Malzextrakt verwenden, nehmen Sie 1,2 kg Flüssigextrakt pro 1 kg Pulver.

Trockenmalzextrakt

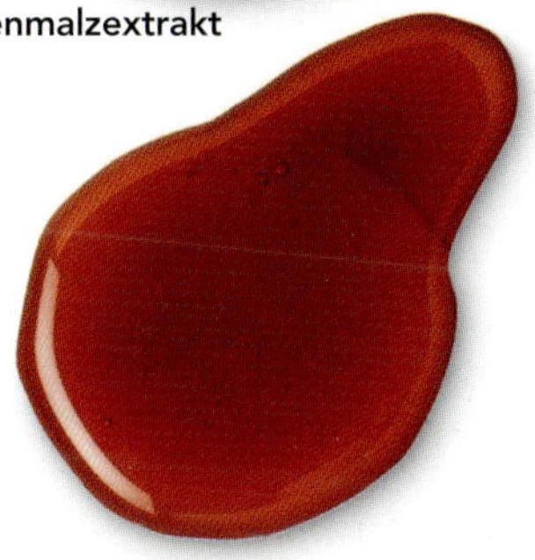

Flüssiger Malzextrakt

KANDISZUCKER

Kandiszucker kommt oft in belgischen Bieren zur Anwendung, um den Alkoholgehalt zu erhöhen und den Geschmack zu vertiefen, ohne den Bierkörper zu beeinflussen.

HONIG

Die meisten Zucker im Honig sind fermentierbar und bringen einen trockenen Honigcharakter ins Bier. Honig enthält Bakterien, muss also mitgekocht werden.

MELASSE

Der dunkle, zähe Zuckersirup verleiht dem Bier einen komplexen, rumartigen Geschmack. Er sollte nur in kleiner Menge in alkoholstarken Bieren verwendet werden.

MALZE, ZUCKER UND VERGÄRBARE ROHSTOFFE – AUF EINEN BLICK

Name	Art	Beschreibung	Farbe (EBC)	In der Maische?	Maximaler Anteil
Ambermalz	Getreidemalz	Verleiht tiefe Bernsteinfärbung und Biskuitnoten	65	✓	10%
Aromamalz	Getreidemalz	Verleiht eine volle Malznote, ähnlich dunklem Münchner Malz	150	✓	10%
Biskuitmalz	Getreidemalz	Verleiht Farbe und Biskuitnoten	50	✗	10%
Brown Malt	Getreidemalz	Verleiht starke brotartige Note; Farbe zwischen Amber- und Chocolate Malt	105	✓	10%
CaraAmber®	Getreidemalz	Verleiht dunklen Bieren einen vollen Körper und eine tiefrote Farbe	70	✗	20%
Carafa® I–III (Röst-/Farbmalz)	Getreidemalz	Verleiht dunklen Bieren Geschmack und Farbe; Alternative zu Chocolate Malt	1280	✗	10%
Carafa® Spezial I–III (Röst-/Farbmalz)	Getreidemalz	Gibt dunklen Lagerbieren Farbe und Aroma; Alternative zu Carafa® und Röstgerste	800–1500	✗	5%
Caramalz Hell	Getreidemalz	Betont bei deutschen Spezialbieren den vollen Geschmack	25	✗	15%
Caramünch®	Getreidemalz	Verstärkt bei dunkleren Bieren Geschmack und Aroma	200	✗	15%
Carapils®	Getreidemalz	Sehr helles Caramalz; verleiht Körper und Malzgeschmack, ohne zu färben	5	✗	20%
Carared®	Getreidemalz	Verleiht vielen Bieren Körper und verstärkt das Malzaroma	50	✗	10%
Cararye®	Getreidemalz	Verleiht Roggennoten und eine schöne braune Färbung	150	✗	15%
Carawheat®	Getreidemalz	Verleiht einen vollen Körper, Weizenaroma und verstärkt die Färbung	100	✗	15%
Chocolate Malt	Getreidemalz	Verleiht dunklen Bieren Farbe und Aroma; kann auch in hellen Ales verwendet werden	800	✗	10%
Dinkelmalz	Getreidemalz	Verleiht Dinkelnoten und -aroma	5	✓	20%
Karamellmalz	Getreidemalz	In verschiedenen Färbungen erhältlich; verleiht feine Karamellfarbe und -geschmack	60–400	✗	20%
Lagermalz hell	Getreidemalz	Ein helles Basismalz für sehr helle Biere	4	✓	100%
Melanoidinmalz	Getreidemalz	Verleiht vollen Geschmack; verstärkt Farbe und Malzcharakter	40	✓	15%
Mild Ale Malt	Getreidemalz	Verleiht Brown Ales und Milds zusätzlichen Geschmack	10	✓	100%
Münchner Malz	Getreidemalz	Ähnlich dem Wiener Malz, aber etwas stärker geröstet; verleiht starken Malzcharakter	20	✓	50%
Pale Malt	Getreidemalz	Ein Basismalz für die meisten Ales	5	✓	100%
Pilsner Malz	Getreidemalz	Ähnlich dem Lagermalz, aber meist aus zweizeiliger Gerste hergestellt (siehe S. 22)	3	✓	100%
Pilsner Malz Böhmisch	Getreidemalz	Sehr helles Malz; benötigt Kesselmaische (siehe S. 59)	2	✓	100%

Name	Art	Beschreibung	Farbe (EBC)	In der Maische?	Maximaler Anteil
Rauchmalz	Getreidemalz	Meist über Buchenspänen geräuchert; verleiht Rauchbier das typische Raucharoma	18	✓	100%
Roggenmalz	Getreidemalz	Gibt Roggengeschmack und würzige Noten	10	✓	50%
Sauermalz	Getreidemalz	Senkt den pH-Wert von Lagerbieren; zurückhaltend verwenden	3	✓	10%
Special B Malt	Getreidemalz	Verleiht tiefe Karamellfarbe und -geschmack	250	✓	10%
Victory Malt	Getreidemalz	Verleiht orange Färbung und nussigen Geschmack	50	✓	15%
Whiskymalz	Getreidemalz	Ein über Torf stark geräuchertes Malz	3	✓	20%
Wiener Malz	Getreidemalz	Sorgt in hellen Amberbieren für Farbe und Geschmack	8	✓	50%
Ambermalzextrakt (trocken/flüssig)	Malzextrakt	Verleiht Bieren aus Malzextrakt Farbe	30	✗	100%
Malzextrakt, dunkel (trocken/flüssig)	Malzextrakt	Erhöht Stammwürze und Farbe	40	✗	100%
Malzextrakt, extrahell	Malzextrakt	Der hellste Malzextrakt; nur für sehr farbschwache Biere	5	✗	20%
Malzextrakt, hell (trocken/flüssig)	Malzextrakt	Erhöht in den meisten Malzextraktrezepten die Stammwürze	10	✗	100%
Weizenmalzextrakt (trocken/flüssig)	Malzextrakt	Wird für Weizenbier aus Extrakt verwendet; sorgt für Schaumbildung	16	✗	100%
Ahornsirup	Zucker	Verleiht eine charakteristische trockene Ahornnote	70	✗	10%
Honig	Zucker	Verleiht ein trockenes Finish mit charakteristischer Honignote	2	✗	100%
Kandiszucker (hell/dunkel)	Zucker	Erhöht den Zuckeranteil; verleiht Farbe und authentischen Geschmack	k. A.	✗	20%
Traubenzucker (Dextrose)	Zucker	Erhöht geschmacks- und aromaneutral die Stammwürze	0	✗	5%
Gerstenflocken	Zusatz	Geben Getreidenoten und verbessern bei Stouts und Porters die Schaumbildung	4	✓	20%
Gerstenspelzen	Zusatz	Lockern die Maische auf und helfen beim Läutern; haben keine vergärbaren Zucker	k. A.	✗	10%
Haferflocken	Zusatz	Verleihen Stouts eine kräftige Hafernote	2	✓	10%
Maisflocken	Zusatz	Erhöhen den Zuckergehalt, ohne viel Geschmack oder Farbe zu geben	2	✓	40%
Reisflocken	Zusatz	Verleihen farb- und geschmacksneutral Körper	2	✓	20%
Röstgerste	Zusatz	Verleiht nussige Röstnoten und eine tiefrote bis braune Färbung	1000	✗	10%
Röstweizen	Zusatz	Verleiht dunklem Weizenbier eine tiefbraune Färbung	900	✓	10%
Weizenflocken	Zusatz	Sorgen in Weizenbier für Schaumhaltigkeit und Geschmack	4	✓	40%

Hopfen

Brauhopfen besteht aus den konischen Blüten der weiblichen Hopfenpflanze. Die Blüten werden getrocknet und geben dem Bier Bittere, Geschmack und Aroma. Darüber hinaus wirkt Hopfen antibiotisch.

Der in Nordamerika, Europa und Asien heimische Hopfen wurde vermutlich erstmals im 11. Jahrhundert zum Bierbrauen verwendet. Er diente als Ersatz für bittere Kräuter wie Löwenzahn, Ringelblume und Heidekraut, da er ein Bier ergab, das nicht so leicht verdarb.

Heutzutage gibt es dank umfangreicher Zuchtprogramme zur Produktion ergiebiger und krankheitsresistenter Pflanzen weltweit mehr als 100 verschiedene Hopfensorten. Die wichtigsten Anbaugebiete liegen in den USA, Neuseeland, Großbritannien, Deutschland, Tschechien, China, Polen und Australien.

ANBAU UND ERNTE

Die Hopfenranken werden in der Regel senkrecht an bis zu 6 Meter hoch gespannten Drähten erzogen. Diese Rankhilfen werden zur Ernte abgesenkt, damit man auch die ganz oben wachsenden Blüten problemlos erreichen kann. Es gibt kleinere Sorten, sogenannte Zwerghopfen, die aber eine größere Anbaufläche benötigen, um einen vergleichbaren Ernteertrag zu bringen.

Traditionell wurde Hopfen von Hand geerntet. Die Ernte war wegen der vielen benötigten Helfer häufig ein gesellschaftliches Ereignis. So reisten in England ganze Familien mit eigens gecharterten Zügen und Bussen aus den Städten in die Anbauregionen, wo sie sich als Erntehelfer verdingten und mehrere Wochen lang in einfachen Hütten lebten. Auch in den deutschen Anbaugebieten kamen Erntehelfer von überallher angereist und verdienten sich beim Hopfenzupfen ein Zubrot. Mittlerweile wird der Hopfen maschinell geerntet und getrocknet, aber die Erntezeit ist auch heute noch ein besonderes Ereignis, das so manche Brauerei mit speziellen Bieren aus ungetrocknetem »grünem« Hopfen feiert.

Frische Hopfendolden

Hopfenranken werden senkrecht an Drahtgestellen erzogen, die für die Ernte abgesenkt werden können.

BITTER- UND AROMAHOPFEN

Hopfen wird in verschiedenen Stadien des Brauvorgangs zur Würze zugegeben (siehe S. 61 ff.), um dem Bier bestimmte Eigenschaften zu verleihen. Zu Beginn des Würzekochens verleiht er Bittere, die den Alkoholgeschmack ausbalanciert und das Bier weicher macht. Während der letzten 30 Minuten des Kochprozesses zugegebener Hopfen gibt Geschmack und Aroma ans Bier ab. Je nach angestrebtem Charakter des Biers braucht es dafür mehrere Zugaben.

Eine weitere traditionelle Möglichkeit, Geschmack und Aroma aus dem Hopfen zu gewinnen, ist, den Hopfen noch vor dem Kochen bereits dem ersten Ablauf aus dem Maischebottich zuzugeben (siehe S. 59) . Durch das Einweichen in der sogennnten »Vorderwürze« oxidiert der Hopfen und gibt Betasäuren (siehe unten) an die Würze ab, die nicht verkochen. In Blindverkostungen wurden nach dieser Methode gebraute Biere als weicher in Bittere und Aroma befunden. Es lohnt sich also, zu experimentieren.

Früher unterteilte man Hopfen in Bitter- und Aromahopfen. Heute eignen sich immer mehr Sorten sowohl als Bitterstoff- als auch als Aromalieferant.

ALPHA- UND BETASÄUREN

Hopfenöle enthalten sogenannte Alpha- und Betasäuren; sie spielen eine wichtige Rolle im Brauvorgang:

- Alphasäuren sorgen für Bitternoten und wirken antibakteriell. Der Gehalt an Alphasäuren in einer Hopfensorte wird in Prozent angegeben: Je höher der Wert, desto mehr Bitterstoffe lassen sich dem Hopfen entziehen. Alphasäuren sind nicht wasserlöslich und müssen ausgekocht werden. Je länger der Kochvorgang andauert, desto mehr Alphasäuren werden gelöst und desto bitterer wird das Bier.
- Betasäuren verleihen dem Bier Aroma, ohne dass sie gekocht werden müssen. Sie enthalten stark flüchtige ätherische Öle, die durch das Kochen verdunsten; daher sollte man sie erst in den letzten Minuten oder nach Abschluss des Kochvorgangs hinzugeben. Alternativ werden die empfindlichen Betasäuren auch erst im Verlauf der Gärung zugegeben (»Hopfenstopfen«).

HOPFEN LAGERN

Getrockneter Hopfen verdirbt bei Licht- und Luftkontakt schnell. Deshalb wird er meist in einer lichtdichten Vakuumverpackung verkauft. Ungeöffnet kann man ihn so bis zu zwei Jahre aufbewahren. Sobald er Kontakt mit Luft hat, trocknet er aus und verliert seine zarten ätherischen Öle. Da Hopfen meist in Einheiten zu 100 Gramm verpackt ist und man bei vielen Rezepten mehrere Sorten benötigt, hat man schnell jede Menge angebrochene Packungen. Am besten bewahren Sie Ihren Hopfen luftdicht verpackt im Gefrierfach auf und verwenden ihn tiefgefroren direkt aus dem Fach.

Doldenhopfen wird je nach gewünschter Bittere, Geschmack und Aroma in mehreren Gaben zur Würze gegeben.

BRAUHOPFEN

Frischer Doldenhopfen muss vor der Verwendung luftgetrocknet werden, damit Geschmack und Aroma erhalten bleiben. Für die Rezepte in diesem Buch benötigen Sie getrockneten Doldenhopfen; er hat den besten Eigengeschmack, verdirbt aber an der Luft schnell. Eine beliebte Alternative zum Doldenhopfen sind Hopfenpellets, die sich länger lagern lassen.

Getrockneter Doldenhopfen

Hopfenpellets

HOPFEN – AUF EINEN BLICK

Sorte	Herkunftsland	Gehalt Alphasäure	Charakter	Geschmack (1 = mild; 10 = kräftig)
Admiral	GB	14–16 %	Hopfig, Zitrusfrüchte, Orange	9
Ahtanum	USA	5–8 %	Blumig, Zitrusfrüchte, Zitrone	7
Amarillo	USA	7–11 %	Blumig, Zitrusfrüchte, Orange	9
Apollo	USA	15–19 %	Hopfig, starke Kräuternoten	8
Aurora	SLO	5–9 %	Limette, blumig, Kiefer	6
Bobek (Styrian Golding)	SLO	2–5 %	Kiefer, Zitrone, blumig	8
Bramling Cross	GB	5–8 %	Würzig, Schwarze Johannisbeere	8
Brewers Gold	D	5–9 %	Würzig, Schwarze Johannisbeere, Zitrone	8
Cascade	USA/GB/NZ	5–9 %	Litschi, blumig, Grapefruit	9
Celeia (Styrian Golding)	SLO	2–5 %	Zitrone, Kiefer, blumig	8
Centennial	USA	7–12 %	Zitrone, Kräuter, hopfig	9
Challenger	GB	5–9 %	Würzig, Zeder, Grüntee	7
Chinook	USA	11–15 %	Grapefruit, Zitrusfrüchte, Kiefer	9
Citra	USA	11–14 %	Mango, Tropenfrüchte, Limette	9
Cluster	USA	6–9 %	Brombeere, würzig	6
Columbus	USA	14–20 %	Fruchteis, schwarzer Pfeffer, Lakritz	9
Crystal	USA	3–6 %	Tangerine, Zitrusfrüchte	6
Delta	USA	4–7 %	Ananas, Birne	5
East Kent Golding	GB	5–8 %	Würzig, Honig, erdig	6
First Gold	GB	6–9 %	Orange, Marmelade, würzig	6
Fuggle	GB	4–7 %	Gras, Minze, erdig	6
Galaxy	AUS	13–15 %	Passionsfrucht, Pfirsich	8
Galena	USA	10–14 %	Schw. Johannisbeere, würzig, Grapefruit	6
Golding	GB	4–8 %	Würzig, Honig, erdig	6
Green Bullet	NZ	10–13 %	Kiefer, Rosinen, schwarzer Pfeffer	7
Hallertauer Hersbrucker	D	2–4 %	Blumig, Kräuter	6
Hallertauer Mittelfrüher	D	3–6 %	Kräuter, blumig, Gras	6
Hallertauer Tradition	D	3–7 %	Kräuter, blumig, Gras	5
Liberty	USA	3–5 %	Würzig, Zitrone, Zitrusfrüchte	6
Magnum	D	11–16 %	Würzig, Kräuter, Pinie	7
Motueka	NZ	5–8 %	Zitrone, Limette, blumig	8

Sorte	Herkunftsland	Gehalt Alphasäure	Charakter	Geschmack (1 = mild; 10 = kräftig)
Mount Hood	USA	4–7 %	Kräuter, Grapefruit	6
Nelson Sauvin	NZ	10–13 %	Stachelbeere, Grapefruit	9
Newport	USA	13–17 %	Zeder, fruchtig, Kräuter	7
Northdown	GB	6–9 %	Würzig, Zeder, Kiefer	7
Northern Brewer	D	5–9 %	Würzig, hopfig, Kräuter	6
Nugget	USA	10–14 %	Würzig, Birne, Pfirsich	6
Pacific Gem	NZ	13–18 %	Brombeere, Eiche, Kiefer	7
Pacific Jade	NZ	12–14 %	Kräuter, Zitronenschale, schwarzer Pfeffer	8
Pacifica	NZ	4–8 %	Kräuter, Orange, Zitrusfrüchte	6
Palisade	USA	6–10 %	Zitrus, Schw. Johannisbeere, Grapefruit	7
Perle	D	6–9 %	Würzig, Zeder, Orange	7
Pilgrim	GB	9–12 %	Würzig, Zeder, Honig	6
Pioneer	GB	9–12 %	Zeder, Grapefruit, Kräuter	8
Pride of Ringwood	AUS	9–12 %	Zeder, Eiche, Kräuter	5
Progress	GB	5–8 %	Würzig, Honig, Gras	6
Riwaka	NZ	5–8 %	Grapefruit, Limette, Tropenfrüchte	8
Saazer	CZ	2–5 %	Erdig, Kräuter, blumig	5
Santiam	USA	4–7 %	Kräuter, Pfirsich, Zitrone	6
Simcoe	USA	11–15 %	Kiefer, Grapefruit, Passionsfrucht	6
Sorachi Ace	USA	10–14 %	Zitrone, Kokosnuss	7
Sovereign	GB	4–7 %	Gras, blumig, erdig	6
Spalter Select	D	2–5 %	Kräuter, blumig, erdig	5
Summer	AUS	4–7 %	Aprikose, Melone	6
Summit	USA	13–15 %	Pink Grapefruit, Orange	9
Target	GB	9–12 %	Kiefer, Zeder, Lakritz	9
Tettnanger	D	4–7 %	Erdig, Kräuter, blumig	5
Wai-ti	NZ	2–4 %	Mandarine, Zitrone, Zitronenschale	6
Wakatu	NZ	7–10 %	Vanille, blumig, Limette	7
Warrior	USA	13–15 %	Hopfig, Kräuter, Kiefer	6
WGV	GB	5–8 %	Würzig, Kräuter, erdig	7
Willamette	USA	4–7 %	Schwarze Johannisbeere, würzig, blumig	6

Hefe

Hefe ist die Zutat, die den gekochten Würzesud aus Malz, Hopfen und Wasser letztendlich in Bier verwandelt. Biologisch handelt es sich bei der Hefe um einen einzelligen Pilz.

Hefe wird schon seit Jahrtausenden für die Bierherstellung genutzt, aber erst die Erfindung des Mikroskops im 17. Jahrhundert machte sie auch sichtbar und damit bekannt. Zuvor ließen die Brauer ihre Würze einfach unabgedeckt stehen und hofften für die Gärung auf wilde Hefen aus der Luft. Im Jahr 1857 wies der französische Chemiker und Mikrobiologie Louis Pasteur die Bedeutung der Hefe für die alkoholische Gärung nach. Pasteurs Entdeckung sollte die Bierherstellung revolutionieren, denn nun konnten die Brauer direkten Einfluss auf den Gärvorgang nehmen.

HEFE UND BIER

Man nimmt an, dass es mehr als 1500 verschiedene Hefearten gibt, aber nur zwei werden zum Bierbrauen genutzt: *Saccharomyces cerevisiae* für obergärige und *Saccharomyces pastorianus* für untergärige Biere. In der Würze ernähren sich die Hefezellen vom Zucker und den Kohlenhydraten der süßen Lösung und produzieren dabei Kohlendioxid und Ethanol (Alkohol). Daneben entstehen zahlreiche Nebenprodukte, die Geschmack und Aroma des fertigen Biers beeinflussen. Die häufigsten Nebenprodukte sind Ester, Fuselalkohole und Diacetyl:

- Ester sind chemische Verbindungen, die wichtige Geschmackskomponenten beitragen, in der Regel komplexe Fruchtnoten. Sie finden sich in unterschiedlicher Menge in vielen Biertypen, vor allem in Ales und belgischen Bieren. Die produzierte Menge hängt zum Teil von der Gärtemperatur ab: Je höher die Temperatur, desto mehr Ester werden produziert.
- Fuselalkohole sind eine Mischung aus verschiedenen Alkoholbestandteilen und sorgen für scharfe, würzige Noten. Sie sind in vielen Bierstilen zu finden; sind sie jedoch zu deutlich herauszuschmecken, gilt das meist als Bierfehler. Daher auch die negative Konnotation des Wortes »Fusel«.
- Auch zu viel Diacetyl gilt bei den meisten Bierstilen als Fehler – vor allem bei Lagerbieren. Es ist zwar in vielen Bieren in kleinen, unauffälligen Mengen vorhanden, sorgt aber in größerer Konzentration für unangenehme Butteraromen oder Butterkaramellnoten. In der Regel baut die Hefe während der Gärung das Diacetyl ab; Diacetyl im fertigen Bier ist daher Anzeichen für einen unvollständigen Gärprozess.

Viele belgische Biere werden mit Hefen gebraut, die als Nebenprodukt der Gärung komplexe Fruchtnoten erzeugen.

OBER- UND UNTERGÄRIGE HEFEN

Beim Brauen kommen zwei Hefearten zum Einsatz: obergärige (z. B. für Kölsch und Weißbier) und untergärige Hefen (z. B. für Pilsner und Lager).

Obergärige Hefen benötigen eine höhere Gärtemperatur – in der Regel zwischen 16 und 24 °C. Die Bezeichnung »obergärig« bezieht sich darauf, dass die Hefe während der Gärung an die Oberfläche des Jungbiers steigt. Sie produziert vor allem bei höheren Temperaturen reichlich Ester, die für vielfältige Noten und Aromen sorgen. Je nach ihren individuellen geschmacklichen Eigenschaften werden obergärige Hefen noch weiter nach ihrer Verwendung unterteilt.

Untergärige Hefen arbeiten im Gegensatz zu obergärigen am besten bei niedrigen Temperaturen von 7–15 °C und setzen sich am Boden des Gärbottichs ab. Sie erzeugen in der Regel Biere mit einem reinen, eher neutralen Geschmack. Dank der niedrigeren Gärtemperatur produzieren sie weniger Ester, aber mehr Diacetyl als obergärige Hefen. Viele untergärige Hefen benötigen daher eine sogenannte »Diacetylrast«, das heißt, zum Ende des Gärvorgangs wird für einige Tage die Temperatur erhöht, um das entstandene Diacetyl abzubauen.

AUSFLOCKUNG UND VERGÄRUNGSGRAD

Alle Bierhefen lassen sich nach Ausflockung und Vergärungsgrad bewerten. Die Ausflockung besagt, wie leicht eine Hefe in der Würze ausfällt; sie ist ein Anhaltspunkt dafür, wie schnell und einfach das Bier sich klärt – je höher die Ausflockung, desto schneller klärt es sich. Stark ausflockende Hefen müssen unter Umständen während der Gärung aufgerührt werden, damit sich die Hefepartikel wieder in der Würze verteilen und die Gärung vollständig beenden.

Der Vergärungsgrad besagt, wie effizient die Hefe den verfügbaren Zucker verarbeitet. Er wird meist als Prozentwert angegeben, wobei eine Vergärung von 100 Prozent bedeutet, dass die Hefe den gesamten Zucker in der Würze in Alkohol umwandelt. Hefen mit einem hohen Vergärungsgrad besitzen meist eine schwache Ausflockung und umgekehrt.

HEFE MEHRFACH VERWENDEN

Vor allem Flüssighefen (siehe unten) sind teuer, können aber mehrfach genutzt werden. Schöpfen Sie dazu einfach nach der Gärung etwa 500 Milliliter Bodensatz aus dem Gärbehälter ab, füllen Sie ihn in eine sterile Flasche und bewahren Sie die Flasche im Kühlschrank auf. Innerhalb von zwei Wochen können Sie damit direkt eine neue Würze anstellen. Wenn Sie die Hefe länger als zwei Wochen aufbewahren, können Sie sie wiederverwenden, indem Sie eine Starterkultur (siehe S. 62f.) ansetzen. Alternativ können Sie Ihre Brautage so planen, dass Sie den Satz einer Gärführung direkt für die nächste nutzen können.

Flüssighefen kann man 3–4-mal verwenden; Trockenhefen eignen sich nicht für die Wiederverwendung, sind aber relativ preiswert.

TIPP

Kleinbrauereien sind eine gute Bezugsquelle für frische Flüssighefe. Sie haben meist genügend Überschuss und geben sicherlich gerne etwas davon ab.

Bei der Verwendung von Flüssighefe müssen Sie zunächst eine Starterkultur ansetzen, um die aktiven Zellen zu vermehren.

TROCKEN- ODER FLÜSSIGHEFE?

Hobbybrauer können ihre Hefe getrocknet oder flüssig kaufen. Trockenhefe hält sich länger und ist einfach zu verwenden, aber die Auswahl ist relativ klein. Im Gegensatz dazu gibt es eine riesige Vielfalt an Flüssighefen für jeden gewünschten Bierstil. Sie halten sich aber nicht lange, sodass es sich lohnt, eine Starterkultur anzulegen (siehe S. 62f.). Verwenden Sie am besten nur hochwertige Hefen renommierter Firmen; hier lohnt es sich, auf Qualität zu achten.

Trockenhefe

Frische Flüssighefe

Hefe – auf einen Blick

Das Angebot an frischer Hefe schwankt. Nutzen Sie die Tabelle, um alternative Kulturen für die wichtigsten Rezepte in diesem Buch zu finden (nicht alle Rezepte lassen sich mit Trockenhefe realisieren).

BIERSTIL	BIERNAME	FLÜSSIGHEFE		TROCKENHEFE
		Wyeast	White Labs	
Helles Lager	Europäisches Lager (siehe S. 83)	2007 Pilsen Lager	830 German Lager	Fermentis 34/70
Helles Lager	Premium American Lager (siehe S. 84)	2035 American Lager	800 Pilsner Lager	Fermentis 34/70
Helles Lager	Dortmunder Export (siehe S. 86f.)	2124 Bohemian Lager	830 German Lager	Fermentis S23
Helles Lager	Japanisches Reisbier (siehe S. 89)	2278 Czech Pils	800 Pilsner Lager	Fermentis 34/70
Pilsner	Tschechisches Pilsner (siehe S. 90)	2001 Urquell Lager	800 Pilsner Lager	Fermentis 34/70
Pilsner	Deutsches Pilsner (siehe S. 93)	2007 Pilsen Lager	840 American Lager	Fermentis 34/70
Pilsner	Amerikanisches Pilsner (siehe S. 95)	2035 American Lager	840 American Lager	Fermentis 34/70
Dunkles Lager	Wiener Bier (siehe S. 96)	2124 Bohemian Lager	830 German Lager	Fermentis 34/70
Dunkles Lager	Festbier (siehe S. 98)	2206 Bavarian Lager	820 Oktoberfest	Fermentis 34/70
Bockbier	Heller Bock (siehe S. 99)	2487 Hella Bock	833 German Bock	Fermentis 34/70
Bockbier	Doppelbock (siehe S. 102)	2124 Bohemian Lager	830 German Lager	Fermentis 34/70
Bockbier	Eisbock (siehe S. 103)	2308 Munich Lager	838 Southern German Lager	Fermentis 34/70
Schwarzbier	Münchner Dunkel (siehe S. 106)	2278 Czech Pils	800 Pilsner Lager	Fermentis 34/70
Schwarzbier	Schwarzbier (siehe S. 107)	2042 Danish Lager	860 Munich Helles	Fermentis S23
Pale Ale	Frühlingsbier (siehe S. 112)	1275 Thames Valley Ale	023 Burton Ale	Danstar Nottingham
Pale Ale	Erntebier (siehe S. 114)	1272 American Ale II	060 American Ale Blend	Fermentis US05
Pale Ale	ESB Ale (siehe S. 115)	1187 Ringwood Ale	005 British Ale	Fermentis S04
Pale Ale	Pale Ale (siehe S. 122)	1187 Ringwood Ale	005 British Ale	Danstar Nottingham
Pale Ale	Honigbier (siehe S. 124)	1098 British Ale	007 Dry English Ale	Danstar Nottingham

BIERSTIL	BIERNAME	FLÜSSIGHEFE		TROCKENHEFE
		Wyeast	White Labs	
IPA	English IPA (siehe S. 131)	1187 Ringwood Ale	005 English Ale	Fermentis US05
IPA	American IPA (siehe S. 133)	1272 American Ale II	060 American Ale Blend	Fermentis US05
IPA	Black IPA (siehe S. 136)	1187 Ringwood Ale	005 English Ale	Fermentis US05
Bitter	London Bitter (siehe S. 140)	1318 London Ale III	013 London Ale	Fermentis S04
Bitter	Irish Red Ale (siehe S. 149)	1084 Irish Ale	004 Irish Ale	Fermentis S33
Strong Ale	Winter Warmer (siehe S. 150)	1968 London ESB Ale	002 English Ale	Fermentis S04
Strong Ale	Bière de Garde (siehe S. 152)	3711 French Saison	566 Saison II	k. A.
Strong Ale	Belgisches Blonde Ale (siehe S. 155)	1388 Belgian Strong Ale	570 Belgian Golden Ale	k. A.
Strong Ale	Belgisches Dubbel (siehe S. 156)	3944 Belgian Witbier	400 Belgian Wit Ale	Fermentis WB06
Brown Ale	Southern Brown Ale (siehe S. 161)	1187 Ringwood Ale	005 English Ale	Fermentis US05
Mild	Mild (siehe S. 164)	1318 London Ale III	013 London Ale	Fermentis US05
Barley Wine	Englischer Barley Wine (siehe S. 166)	1028 London Ale	013 London Ale	Fermentis S33
Barley Wine	Amerikanischer Barley Wine (siehe S. 168)	1056 American Ale	001 California Ale	Fermentis S33
Porter	Brown Porter (siehe S. 169)	1028 London Ale	013 London Ale	Fermentis US05
Stout	Dry Stout (siehe S. 174)	1084 Irish Ale	004 Irish Ale	Fermentis US05
Weißbier	Weizenbock (siehe S. 184)	3056 Bavarian Wheat Blend	380 Hefewei- zen IV	Danstar Munich
Roggenbier	Roggenbier (siehe S. 188)	3638 Bavarian Wheat	380 Hefewei- zen IV	Fermentis WB06
Witbier	Witbier (siehe S. 190)	3944 Belgian Witbier	400 Belgian Wit Ale	Fermentis WB06
Dunkelweizen	Dunkles Weißbier (siehe S. 192)	3056 Bavarian Wheat Blend	380 Hefewei- zen IV	Fermentis WB06
Helles Hybridbier	Kölsch (siehe S. 197)	2565 Kölsch	029 German Ale	Fermentis US05
Dunkles Hybridbier	Californian Common (siehe S. 198)	2112 California Lager	810 San Fran- cisco Lager	Fermentis US05

Brauwasser

Wasser – im Braujargon »Guss« genannt – ist die Hauptzutat jedes Biers. Deshalb können Qualität und Mineralstoffzusammensetzung des Brauwassers den Geschmack des Biers wesentlich beeinflussen.

Qualität, Zusammensetzung und chemische Eigenschaften Ihres Trinkwassers hängen davon ab, welchen Weg das Wasser bis zu Ihrem Wasserhahn zurückgelegt hat. Auf dem Weg durch den Boden nimmt Regenwasser je nach Bodenzusammensetzung ganz unterschiedliche Mineralien auf. Einige davon, wie Kalzium und Magnesium, sind wasserlöslich. Als Ionen finden sie sich im Trinkwasser wieder. Wasser mit einem hohen Mineraliengehalt wird als »hart« klassifiziert, solches mit nur wenigen gelösten Mineralien – meist Wasser, das durch Gestein wie Schiefer oder Granit gesickert ist – bezeichnet man als »weich«.

BIERSTILE UND WASSER

Bevor man Wasser chemisch analysieren konnte, wurde der gebraute Bierstil durch das lokal verfügbare Trinkwasser bestimmt. Will man heute einen bestimmten Bierstil nachstellen, hilft es bereits, die Wasserzusammensetzung seiner Herkunftsregion zu verwenden. So hat beispielsweise die Region um Pilsen in der Tschechischen Republik – Heimat des Pilsners – eines der weichsten (mineralienärmsten) Wasser der Welt. Das führt zu einem ausnehmend klaren, rein schmeckenden Bier. Im Gegensatz dazu hat Dublin – irische Heimat des Guinness – sehr hartes Wasser mit einem hohen Gehalt an Bikarbonaten und Kalzium. Das verleiht ihm einen hohen pH-Wert, der durch die Säure des dunkel gerösteten Malzes ausgeglichen wird, um ein perfektes Stout zu erzeugen.

BIERKITS UND MALZEXTRAKT

Beim Brauen mit einem Bierkit oder mit Malzextrakt (siehe S. 54ff.) hat die chemische Zusammensetzung des Wassers nur geringe Auswirkung auf das Resultat – wenn das Wasser gut riecht und schmeckt, schmeckt auch das Bier. Bedenklich könnten in man-

chen Regionen Chlor und Chloramin im Wasser sein, da diese Desinfektionsmittel mit der Hefe reagieren und unerwünschte chemische Geschmacksnoten erzeugen. Es gibt jedoch einfache Methoden zur Wasseraufbereitung (siehe unten).

MAISCHEBRAUEN

Beim Maischebrauen (siehe S. 58ff.) ist die chemische Zusammensetzung des Wassers wesentlich wichtiger. Vor allem beim Einmaischen (siehe S. 59) hat der Säuregrad des Wassers (pH-Wert) Auswirkungen auf die Enzyme im Malz (siehe S. 22f.). Die meisten Malze arbeiten am besten bei einem leicht sauren pH-Wert von 5,2 (1= sauer, 7 = neutral, 14 = alkalisch).

Während der Gärung sinkt der pH-Wert auf natürliche Weise, da die Hefe den Zucker in der Würze umwandelt. Dadurch wird das Milieu für schädliche Bakterien unwirtlicher. Der richtige pH-Wert ist darüber hinaus auch für Klarheit und Qualität des fertigen Biers von Bedeutung.

WASSERANALYSE

Für den Brauer sind die wichtigen Ionen im Wasser Kalzium, Magnesium, Bikarbonat, Kalium, Chlorid und Sulfat. Ihr Wasserversorger sollte in der Lage sein, Ihnen die chemische Zusammensetzung Ihres Trinkwassers zu nennen. Dann können Sie die Zusammensetzung mit Braugips (Kalziumsulfat), Magnesiumsulfat oder Kalium nach Bedarf an die Erfordernisse des jeweiligen Rezepts anpassen. Die richtige Zusammensetzung kann schwierig zu erreichen sein, aber es gibt im Internet zahlreiche Seiten, die Ihnen die Berechnung erleichtern (siehe S. 213).

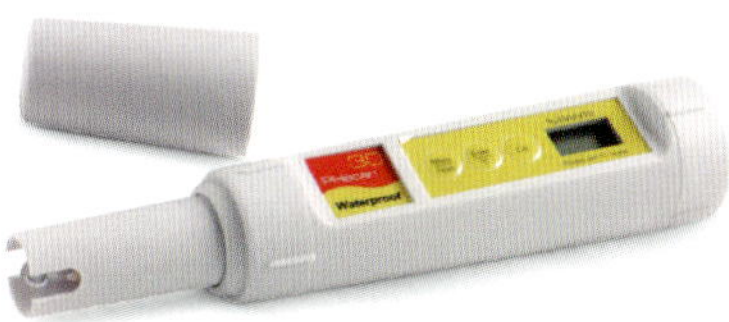

Digitales pH-Messgerät

DIE MAISCHE TESTEN

Sie können den pH-Wert Ihrer Maische mit einem Teststreifen oder einem digitalen Messgerät bestimmen und beim nächsten Mal das Wasser entsprechend aufbereiten. Vergessen Sie aber nicht, dass es zwar durchaus Sinn macht, beim Maischebrauen die genaue Wasserzusammensetzung zu kennen, dass aber auch ohne aufwändige Vorarbeiten großartige Biere gelingen können.

TIPP

Statt Trinkwasser aus der Leitung können Sie auch Mineralwasser aus der Flasche nehmen. Das ist zwar teurer, aber bequem und ideal zum Brauen.

Wenn Ihr Wasser gechlort ist, kochen Sie es etwa 30 Minuten lang ab.

EINFACHE WASSERAUFBEREITUNG

Wenn Sie beispielsweise hartes Wasser haben und ein Lager oder Pilsner brauen möchten, das weiches Wasser verlangt, können Sie Ihr Trinkwasser schlicht mit einer größeren Menge destilliertem Wasser aus dem Handel mischen. Damit erzielen Sie den richtigen pH-Wert und vermeiden raue Tanninnoten im fertigen Bier.

Um Chlor im Trinkwasser loszuwerden, können Sie Ihr Brauwasser ganz einfach entweder über Nacht stehen lassen oder es vor der Verwendung 30 Minuten lang abkochen. Eine andere probate Möglichkeit, Chlor aus dem Wasser zu entfernen, ist das Filtern durch einen Aktivkohle-Wasserfilter.

Für das Brauen mit Bierkits oder Malzextrakten darf das Wasser auf keinen Fall gechlort sein. Wenn Sie das große Glück haben, dass Ihr Wasser bereits aus dem Wasserhahn großartig schmeckt, müssen Sie natürlich überhaupt nichts weiter unternehmen, sondern können einfach loslegen!

Kräuter, Blüten, Früchte und Gewürze

Diese Zutaten wurden ursprünglich anstelle von Hopfen eingesetzt, um das Bier vor Bakterien zu schützen. Sie können sie aber auch nutzen, um interessante Aromen zu erzeugen.

KARDAMOMSAMEN
Die in belgischen Bieren beliebten Samen passen zu Koriander, Kreuzkümmel und Zitrusfrüchten. In den letzten Minuten mitkochen oder nach vier Tagen Gärung zugeben.

KORIANDERSAMEN
Passen mit ihrem charakteristischen Geschmack in Witbier gut zu Bitterorange. In den letzten Minuten mitkochen oder nach vier Tagen Gärung zugeben.

STERNANIS
Wird in belgischen Ales und Festbieren verwendet und gibt eine kräftige, süße Note. In den letzten Minuten mitkochen oder nach vier Tagen Gärung zugeben.

ZIMTSTANGEN
Zimt verleiht unverwechselbar weihnachtliches Aroma und eignet sich für dunkle, körperreiche Biere. In den letzten Minuten mitkochen oder nach vier Tagen Gärung zugeben.

SÜSSHOLZWURZEL
Gibt einen charakteristischen, süßen Geschmack für starke Fest- und Jahrgangsbiere. In den letzten Minuten mitkochen oder nach vier Tagen Gärung zugeben.

VANILLESCHOTEN
Eine oder zwei Schoten in einem Stout oder Porter geben einen süßen, warmen Geschmack. In den letzten Minuten mitkochen oder nach vier Tagen Gärung zugeben.

CHILISCHOTEN
Chilischoten geben mexikanischen Bieren und leichten Lagerbieren einen trockenen Nachklang sowie eine sanfte Schärfe. Nach vier Tagen Gärung zugeben.

WACHOLDERBEEREN
Die Hauptzutat des Gins kann auch einem Bier eine subtile ginartige Note verleihen. In den letzten Minuten mitkochen oder nach vier Tagen Gärung zugeben.

HAGEBUTTEN
Ein paar Hagebutten verleihen Fest- und Starkbieren Charakter. In den letzten Minuten mitkochen oder nach vier Tagen Gärung zugeben.

HOLUNDERBEEREN
Die für Obstweine beliebten Beeren verleihen einen portweinartigen Geschmack, der gut zu Festbieren passt. Wenige Beeren nach vier Tagen Gärung zugeben.

HOLUNDERBLÜTEN
Ideal für Sommerbiere geeignet. Sollten nur in geringer Menge verwendet werden. In den letzten Minuten mitkochen oder nach vier Tagen Gärung zugeben.

KAFFIRLIMETTENBLÄTTER
Die würzigen Kaffirlimettenblätter verleihen Bier eine klare Zitrusnote. In den letzten Minuten mitkochen oder nach vier Tagen Gärung zugeben.

ERDBEEREN
Eine Handvoll Erdbeeren verleiht hellen und Lagerbieren eine feine Süße. Nach vier Tagen Gärung zugeben.

HIMBEEREN
Verleihen belgischen Weizen- und Sauerbieren einen süßen, fruchtigen Charakter. Nach vier Tagen Gärung zugeben.

KIRSCHEN
Die in belgischem Lambic beliebten Kirschen balancieren Alkohol und Bitterkeit aus. Nach vier Tagen Gärung zugeben.

ORANGENSCHALE
Süße Orangenschale verleiht starken belgischen und Festbieren eine schöne Cointreau-Note. Bitterorangenschale gibt belgischen und Weizenbieren einen erfrischenden Orangengeschmack, aber keine Bitterkeit. In den letzten Minuten mitkochen oder nach vier Tagen Gärung zugeben.

ZITRONEN- UND LIMETTENSCHALE
Zitronenschale verleiht Pale Ales und Sommerbieren einen erfrischenden Zitruscharakter. Limettenschale passt gut zu Pale Ales, wo sie Koriander und Zitronengras schön ergänzt und frische Säure gibt. In den letzten Minuten mitkochen oder nach vier Tagen Gärung zugeben.

HEIDESPITZEN
Heidespitzen werden traditionell in schottischem Ale (Fraoch, von gälisch = Heidekraut) verwendet und geben grasige, minzige Aromen und Noten. Früher nutzte man Heidekraut statt Hopfen, um dem Bier Bittere zu verleihen. In den letzten Minuten mitkochen oder nach vier Tagen Gärung zugeben.

So geht's

Die Vorbereitung

Selbst Bier brauen soll in erster Linie Freude bereiten. Bevor Sie sich ans Werk machen, sollten Sie vier Dinge beachten, damit Ihnen die Arbeit problemlos von der Hand geht.

1. WAS MÖCHTEN SIE BRAUEN?

Alles, was im Handel erhältlich ist, sollten Sie auch zu Hause nachbrauen können. Einige Biere benötigen jedoch zusätzliche Ausrüstung und komplexere Arbeitstechniken. Wenn Sie gerade mit dem Brauen beginnen, sollten Sie das daher mit einem relativ einfachen Rezept tun, etwa mit einem Pale Ale (siehe S. 112ff.), einem Bitter (siehe S. 140ff.) oder einem Stout (siehe S. 174ff.). Untergärige Lagerbiere (siehe S. 82ff.) sind komplizierter herzustellen, weil sie bei kühleren Temperaturen gären und lagern müssen. Dafür sollten Sie sich einen gebrauchten Kühlschrank und eine digitale Temperatursteuerung zulegen (siehe S. 53), um die Temperatur präzise steuern zu können.

TIPPS FÜR ERFOLGREICHES BRAUEN

- Überprüfen Sie Ausrüstung und Zutaten auf Vollständigkeit, bevor Sie beginnen.
- Erstellen Sie eine Checkliste der Arbeitsschritte.
- Bestellen Sie beim Einkauf immer mehr Hefe, Malzextrakt und Traubenzucker, als Sie benötigen – damit verhindern Sie, dass Sie einen ganzen Ansatz wegkippen müssen, weil die Hefe versagt hat oder Sie mehr Zucker brauchen.
- Brautage sind meist länger als erwartet, vor allem beim Maischebrauen. Fangen Sie daher so früh wie möglich an.
- Tun Sie sich mit einem Freund zusammen. Sie können sich Arbeit und Kosten teilen und es macht mehr Spaß!
- Probieren Sie ein fertiges Bier nie, bevor Sie nicht die Arbeit des Tages abgeschlossen haben!

Beginnen Sie mit einem obergärigen Ale, das schnell und einfach geht.

Untergärige Lagerbiere erfordern mehr Können und Ausstattung als Ales.

2. WIE MÖCHTEN SIE BRAUEN?

Es gibt drei Methoden des Selbstbrauens: mit einem Bierkit, mit Malzextrakt oder mit dem professionellen Maischebrauverfahren (s. S. 44f.). Die Methode entscheidet über die notwendige Ausstattung und die Zutaten, die Sie einkaufen müssen.

Am leichtesten ist das Brauen mit einem Bierkit. Die Kits sind einfach anzuwenden und liefern hochwertiges Bier. Sollten Sie sich später den komplexeren Braumethoden zuwenden, können Sie die Ausstattung, die Sie sich für ein Kit zugelegt haben, für das Malzextrakt- und Maischebrauen weiterverwenden.

Die Malzextraktmethode ist ebenfalls recht unkompliziert und bietet Ihnen mehr Auswahl an möglichen Bierrezepten. Für viele unserer Rezepte bieten wir auch eine Malzextraktvariante an.

3. WO MÖCHTEN SIE BRAUEN?

Das Brauen kann eine ziemliche Sauerei sein, daher ist ein geeigneter Raum wichtig. Für die meisten ist wahrscheinlich die Küche der beste Ort, die Würze zuzubereiten, da man hier frisches Wasser, einen Abfluss und einen Herd hat. Allerdings entsteht beim Kochen von Malzextrakt- und Maischerezepten stark riechender Dampf, sodass Sie vielleicht lieber im Freien kochen.

Sobald die Würze zubereitet ist, brauchen Sie einen Platz, an dem Sie 27 Liter Flüssigkeit bei konstanter Temperatur und ohne direktes Tageslicht gären lassen können. Die meisten obergärigen Hefen brauchen beispielsweise eine warme Umgebung; unter Umständen müssen Sie den Raum daher mit einem Heizlüfter erwärmen.

4. HABEN SIE EINEN VERLÄSSLICHEN LIEFERANTEN?

Wenn Sie Ihr eigenes Bier brauen möchten, benötigen Sie Ausstattung, Zutaten und manchmal auch einen guten Rat. All das kann ein guter Lieferant leisten. Wenn Sie einen Spezialanbieter vor Ort haben, besuchen Sie ihn. Er wird Sie sicher gern mit Rat und Tat unterstützen. Er sollte eine gute Auswahl an Hefen (trocken und flüssig), vakuumverpacktem Hopfen und Geräten auf Lager haben.

Auch im Internet finden Sie diverse Anbieter, die Heimbrauer mit Zubehör und Zutaten ausstatten und bei Bedarf nützliche Tipps parat haben. Onlineforen sind eine weitere Quelle für Informationen und den Austausch mit anderen Hobbybrauern (siehe S. 213).

Drei Braumethoden

Das Selbstbrauen kann einfach oder herausfordernd sein: ganz wie Sie es möchten. Es gibt drei Möglichkeiten, eine Würze zuzubereiten – ganz einfach, etwas aufwändiger oder sehr professionell.

METHODE 1 – BRAUEN MIT BIERKIT

Am einfachsten ist das Brauen mit einem Bierkit (Schritt-für-Schritt-Anleitung siehe S. 54f.). Dabei hat der Malzhersteller die Würze bereits angemischt und dann so weit dehydriert, dass eine konzentrierte sirupartige Flüssigkeit entstanden ist. Dieses Konzentrat kann der Hobbybrauer wieder mit Wasser versetzen, um eine Charge Bier zu erhalten. Das dauert nur 20–30 Minuten und gelingt jedem. Die Qualität der Bierkits hat in den vergangenen Jahren stetig zugenommen. Professionelle Brauereien entwickeln heute eigene Kits, mit denen sich ihre Biere nachstellen lassen.

VORTEILE

- Schnelle Zubereitung
- Einfache Anwendung ohne Vorkenntnisse
- Geringe Anforderungen an die Ausstattung

NACHTEILE

- Wenig Raum für individuelle Anpassungen
- Das Hopfenaroma geht während der Herstellung verloren

METHODE 2 – BRAUEN MIT MALZEXTRAKT

Beim Brauen mit Malzextrakt (Schritt-für-Schritt-Anleitung siehe S. 56f.) gibt man ungehopften Malzextrakt in flüssiger oder getrockneter Form in Wasser und kocht ihn, während man in unterschiedlichen Intervallen Hopfen zugibt. Die Würze wird dann abgekühlt und vergoren. Die Methode ist aufwändiger als ein Bierkit und erfordert mehr Ausstattung (siehe S. 48ff.). Sie ist in Heimbrauerkreisen aber auch sehr beliebt, weil sie bessere Resultate liefert und sogar preisgekrönte Biere hervorbringen kann.

VORTEILE

- Großer Variantenreichtum an Bierstilen
- Man kann Malze als Geschmacksstoffe nutzen
- Die größere Einflussmöglichkeit bringt Erfahrung und Selbstvertrauen

NACHTEILE

- Nicht alle Malze sind als Extrakt verfügbar
- Durch den Malzextrakt ist die Bierherstellung teurer
- Das Brauen mit Malzextrakt erfordert mehr Zeit und Ausstattung

METHODE 3 – MAISCHEBRAUEN

Das Maischebrauen ist die Technik, die auch in den professionellen Brauereien zum Einsatz kommt. Sie besteht aus drei entscheidenden Stadien: Maischen, Läutern und Kochen (Schritt-für-Schritt-Anleitung siehe S. 58ff.). Die Methode bietet die größte Flexibilität und ermöglicht das Brauen jedes gewünschten Bierstils. Sie erfordert aber auch Wissen und Ausstattung, kostet Zeit und ist daher nicht für jeden geeignet. Die meisten Hobbybrauer verschaffen sich zunächst mit den beiden anderen Methoden Erfahrung und Selbstvertrauen, bevor sie sich ans Maischebrauen wagen.

VORTEILE	NACHTEILE
■ Keine Einschränkungen bei den möglichen Bierstilen ■ Preiswerteste Zutaten ■ Vollständige Kontrolle über die verwendeten Zutaten ■ Höchste Bierqualität	■ Erfordert den höchsten Materialeinsatz ■ Zeitaufwand von mehreren Stunden ■ Hoher Reinigungsaufwand ■ Viele mögliche Fehlerquellen!

Dreistufiger Aufbau beim Maischebrauen

Für das Maischebrauen verwendet man meist drei verschiedene Behälter: einen Heißwassertank zum Erhitzen und Aufbewahren des »Gusses«, einen Maischebottich, in dem das Malz mit heißem Wasser zur Würze verrührt wird, und eine Sudpfanne, in der die Würze mit dem Hopfen verkocht wird, der sie sterilisiert und aromatisiert. Am besten lässt man die Flüssigkeit via Schwerkraft von oben nach unten laufen. Stellt man die Gefäße nebeneinander, braucht man eine Pumpe.

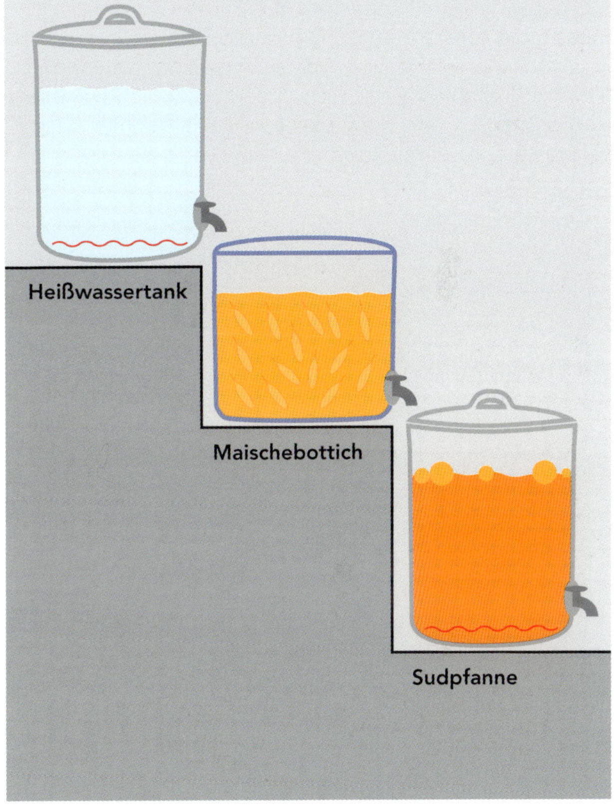

Brauen im Beutel

Beim Maischebrauen gibt es eine Methode, bei der man nur ein Gefäß benötigt und die im Englischen »Brew-in-a-bag« (BIAB) genannt wird. Dabei wird das Wasser auf Maischetemperatur erhitzt, anschließend gibt man das Malz in einem Netzbeutel hinein, der vor dem Kochen wieder entfernt wird. Die Methode ist schneller, preisgünstiger und macht weniger »Sauerei«; man benötigt jedoch einen sehr großen Kessel, und die Umwandlung der vergärbaren Zucker erfolgt nicht so effizient wie beim Brauen mit mehreren Kesseln.

Einmaleins des sauberen Arbeitens

Möchte man qualitativ hochwertiges Bier brauen, führt kein Weg an strenger Hygiene vorbei. Deshalb dauert das Putzen und Desinfizieren der Gerätschaften genau so lang wie das Brauen selbst.

Das meiste Bier verdirbt aufgrund mangelnder Hygienemaßnahmen. Die Würze ist nicht nur das ideale Medium für die Vermehrung von Hefezellen, sondern auch ein perfektes Umfeld für schädliche Bakterien. Sobald diese ein Bier infiziert haben, ist es nicht mehr zu retten. Sauberes Arbeiten ist vor allem in den warmen Sommermonaten wichtig, wenn die Gefahr durch Bakterieninfektionen am größten ist.

Am einfachsten lassen sich Kleinteile im Gärbehälter sterilisieren.

REINIGUNG UND DESINFEKTION

Sie müssen Ihre gesamte Ausstattung immer wieder gründlich reinigen und sterilisieren. Gewöhnen Sie sich am besten an, alle Utensilien direkt nach dem Gebrauch abzuspülen – frische Verschmutzungen sind viel leichter zu entfernen als eingetrocknete. Schrauben Sie alle Hähne ab und reinigen Sie auch die Gewinde, die gerne verschmutzen.

Das gereinigte Material muss anschließend desinfiziert werden. Jeder Gegenstand, der nach dem Kochen mit der Würze in Kontakt kommt, muss sterilisiert werden, einschließlich Becher, Bierspindeln, Thermometer und Löffel. Je nach verwendetem Mittel (siehe S. 47) müssen die Gegenstände anschließend abgespült werden.

FLASCHEN WASCHEN

Das Reinigen der Flaschen kann recht aufwändig sein, vor allem, wenn Hefesatz am Flaschenboden eingetrocknet ist. Am einfachsten ist es daher, die Flaschen auszuspülen, sobald sie leer getrunken sind – das spart viel Arbeit! Stark verschmutzte Flaschen sollten Sie eine Stunde in verdünnter Haushaltsbleiche einweichen. Anschließend reinigen Sie sie mit einer Flaschenbürste, desinfizieren sie und spülen sie aus.

Flaschenbürsten

DESINFEKTIONSMITTEL AUF SÄUREBASIS

Diese Desinfektionsmittel eignen sich für fast alle Materialien, einschließlich Edelstahl. Sie sind benutzerfreundlich und schnell wirksam – die meisten innerhalb von 30 Sekunden. Es gibt sogar Produkte, die hinterher nicht einmal mehr abgespült werden müssen. Es kann aber sein, dass diese Mittel Wasser mit einem pH-Wert von unter 3,5 benötigen (siehe S. 36f.), sodass Sie unter Umständen destilliertes Wasser verwenden müssen. Der pH-Wert des Wassers ist zu hoch, wenn es bei Zugabe des Desinfektionsmittels trübe wird.

DESINFEKTIONSMITTEL AUF CHLORBASIS

Chlorreiniger sind so wirksam, dass man nur eine geringe Menge benötigt, um Bakterien gründlich abzutöten. Eine Lösung aus 1 Milliliter reinem Chlor auf 1000 Liter Wasser reicht aus. Beachten Sie jedoch, dass Produkte auf Chlorbasis sich nicht für Edelstahlbehälter eignen, weil sie auf Dauer deren Oberflächen angreifen. Sie sollten alle Gegenstände nach der Desinfektion mit heißem Wasser abspülen.

Es gibt Chlorreiniger sowohl in flüssiger als auch in Pulverform. Sie sind in der Regel leicht anzuwenden, solange man sich möglichst akribisch an die Bedienungsanleitung des Herstellers hält.

Haushaltsbleiche

Das am weitesten verbreitete Chlorprodukt ist Haushaltsbleiche mit rund 5 Prozent Chloranteil. Mischen Sie eine Lösung aus 0,5 Milliliter Bleiche pro 1 Liter Wasser an und weichen Sie alle Gefäße und Utensilien etwa 30 Minuten lang ein. Für hartnäckige Verschmutzungen rühren Sie eine stärkere Lösung aus bis zu 3 Milliliter Bleiche pro Liter Wasser an und lassen sie über Nacht einwirken. Verwenden Sie nur unparfümierte Reinigungsmittel, um unerwünschte Aromen im Bier zu vermeiden.

REINIGUNGSMITTEL AUF JODBASIS

Reinigungsmittel auf Jodbasis sind gleichzeitig oft sehr wirksame Desinfektionsmittel. Ebenso wie Chlor können auch Produkte mit Jod Edelstahloberflächen angreifen, wenn sie über längere Zeit einwirken. Außerdem haben sie eine schwach braune Farbe, die Plastikgegenstände verfärben kann. Das sieht zwar nicht sonderlich schön aus, ist aber unbedenklich.

NATRIUMDISULFIT

Man liest immer wieder, dass Brauer Natriumdisulfit zum Sterilisieren ihrer Ausstattung verwenden. Das ist jedoch nicht empfehlenswert, da diese Chemikalie das Bakterienwachstum nicht ausreichend hemmt; so besteht weiterhin die Gefahr einer Infektion.

Natriumdisulfit eignet sich eher für die Herstellung von Wein und Cider. Dabei sind die Säuregrade höher und Natriumdisulfit sorgt dafür, dass Schwefeldioxid entsteht – das in der Folge sehr wirksam Bakterien abtötet. Zudem haben Weine und Ciders meist mehr Alkohol als Bier, was einem Bakterienbefall zusätzlich vorbeugt.

TIPP

Kratzer in Oberflächen bieten Bakterien eine ideale Heimstatt. Überprüfen Sie Ihre Utensilien daher regelmäßig auf Beschädigungen.

Chlorreiniger (flüssig)

Chlorreiniger (Pulver)

Reiniger auf Säurebasis

Die Ausstattung

Die Grundausstattung ist nicht teuer und kann für alle drei Braumethoden verwendet werden. Für das Extrakt- und Maischebrauen brauchen Sie natürlich mehr Ausrüstung als für das Brauen mit Bierkit.

BRAUUTENSILIEN – AUF EINEN BLICK

Ausstattung	Bierkit	Malzextrakt	Maischebrauen
Gärbehälter (siehe gegenüber)	✓	✓	✓
Bierlöffel (siehe gegenüber)	✓	✓	✓
Bierspindel (Hydrometer) und **Spindelzylinder** (siehe gegenüber)	✓	✓	✓
Bierheber oder **Schlauch** (siehe gegenüber)	✓	✓	✓
Thermometer (siehe S. 50)	✓	✓	✓
Lagerbehälter (siehe S. 50 und S. 68f.)	✓	✓	✓
Dosenöffner und **Wasserkocher** (siehe S. 50)	✓	–	–
Gärventile (siehe S. 50)	OPTIONAL	OPTIONAL	OPTIONAL
Abfüllröhrchen (siehe S. 50)	OPTIONAL	OPTIONAL	OPTIONAL
Hitzequellen (siehe S. 50)	OPTIONAL	OPTIONAL	OPTIONAL
Kessel (siehe S. 51)	–	✓	✓
Küchenwaage (siehe S. 51)	–	✓	✓
Digitaler Küchentimer (siehe S. 51)	–	✓	✓
Kühler (siehe S. 51)	–	OPTIONAL	OPTIONAL
Malzbeutel (siehe S. 51)	–	OPTIONAL	OPTIONAL
Maischebottich (siehe S. 52)	–	–	✓
Maischespüler (siehe S. 52)	–	–	✓
Heißwassertank (siehe S. 52)	–	–	✓
Erlenmeyerkolben (siehe S. 53)	–	OPTIONAL	OPTIONAL
Hopfeninfuser (siehe S. 53)	–	OPTIONAL	OPTIONAL
Regelbarer Kühl-/Wärmeschrank (siehe S. 53)	–	OPTIONAL	OPTIONAL
Magnetrührer (siehe S. 53)	–	OPTIONAL	OPTIONAL
Abfüllpistole (siehe S. 53)	–	OPTIONAL	OPTIONAL
Refraktometer (siehe S. 53)	–	–	OPTIONAL
Digitales pH-Messgerät (siehe S. 53)	–	–	OPTIONAL
Brausoftware (siehe S. 53)	–	–	OPTIONAL

GÄRBEHÄLTER

Jeder Hobbybrauer benötigt ein geeignetes Gefäß, in dem er seine Würze vergären kann. Es gibt drei Grundtypen von Gärbottichen:

- **Plastik-Gärfass**
Das ist die beliebteste Form: preiswert, haltbar, leicht zu reinigen und in verschiedenen Größen von 5 bis zu 210 Litern erhältlich. Manche Modelle sind sogar mit einer Gärglocke und einem Ablaufhahn ausgestattet.
- **Glas-Gärballon**
Der auch als Korbflasche erhältliche, beliebte Gärballon verkratzt und verfärbt nicht so schnell wie Plastik und verfälscht das Bier nicht mit unerwünschten Geschmacksnoten. Darüber hinaus kann man sozusagen der Hefe bei der Arbeit zusehen. Er ist allerdings schwer und nicht ganz einfach zu reinigen.
- **Edelstahl-Gärbottich**
Die Kessel sind robust, leicht zu reinigen und schützen das Bier vor Licht. Manche haben einen konischen Boden, sodass sich die Hefe besser von der Würze absetzt. Sie sind jedoch am teuersten.

BIERLÖFFEL

Der langstielige Löffel dient zum Umrühren der Würze in einem hohen Kessel und zum Einrühren von Sauerstoff vor Zugabe der Hefe. Bierlöffel aus Edelstahl sind besonders leicht sauber und keimfrei zu halten.

BIERSPINDEL UND ZYLINDER

Die Bierspindel (Hydrometer) dient zur Messung des spezifischen Gewichts, also der Dichte einer Flüssigkeit. Sie besteht aus einem Glasstab mit einer Skala und einem gewichteten Ballon am unteren Ende. Die Spindel wird in den mit Bier gefüllten Zylinder gesenkt. Dort sinkt sie je nach Dichte der Würze unterschiedlich tief ein. Alkohol ist weniger dicht als Wasser, daher taucht die Spindel umso tiefer ein, je weiter die Gärung fortschreitet. Durch je eine Messung vor (Anfangsdichte) und nach der Gärung (Enddichte) kann man nicht nur feststellen, ob die Gärung abgeschlossen ist, sondern auch den Alkoholgehalt des Biers berechnen (Messung des Extraktgehalts und Berechnung des Alkoholgehalts siehe S. 65).

BIERHEBER

Mit einem Bierheber kann man das Bier von oben aus einem Behälter absaugen, anstatt es unten durch einen Hahn abzulassen; so verbleibt das Sediment im Gefäß. Die einfachste Form des Hebers ist ein Plastikschlauch. Manche Heber haben an einem Ende einen Trubfilter, der versehentlich angesaugtes Sediment fernhält, und einen Hahn zur Regulierung des Durchflusses.

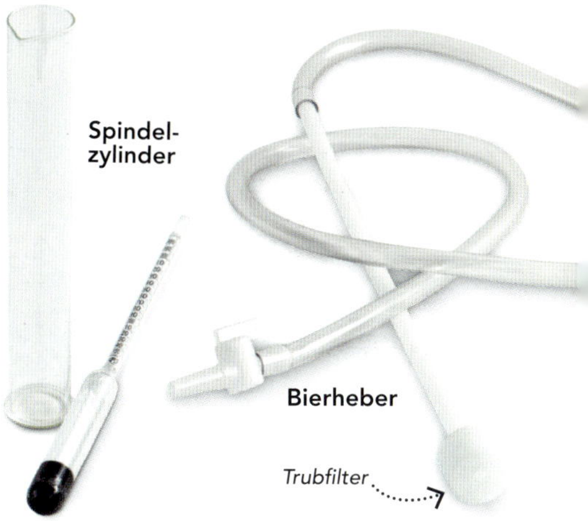

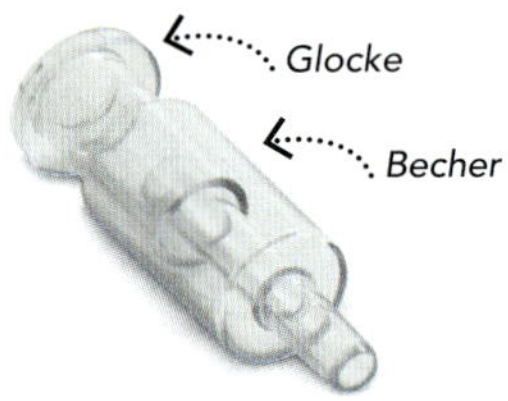

Gärglocke

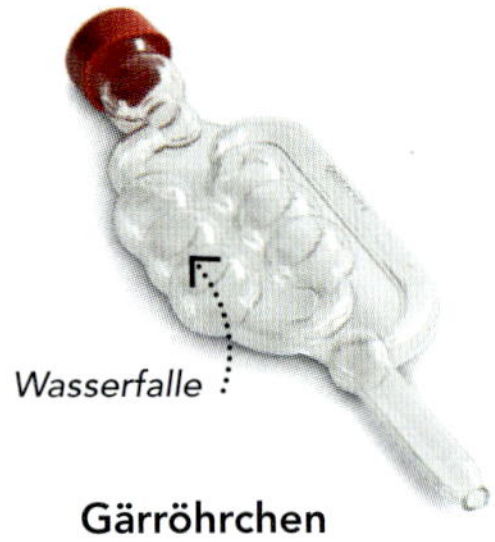

Gärröhrchen

Heizgurt

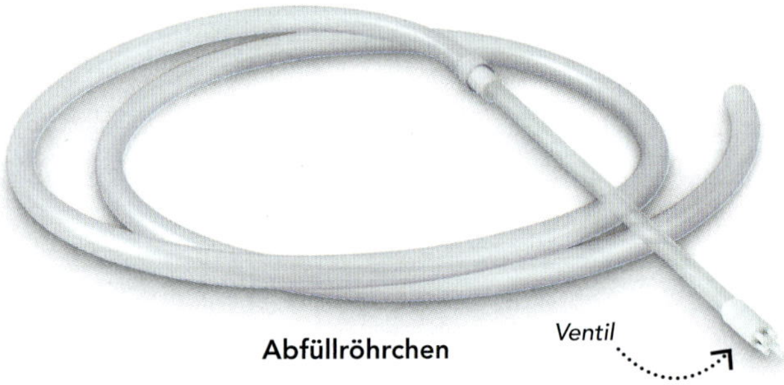

Abfüllröhrchen

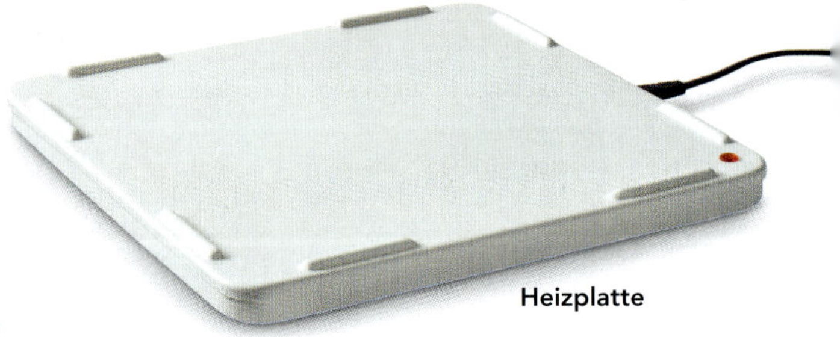
Heizplatte

THERMOMETER

Ein Thermometer ist unerlässlich, um die Temperatur der Würze während der Gärung zu kontrollieren. Auch bei allen weiteren Arbeitsschritten muss die Temperatur überwacht werden. Es gibt drei Haupttypen von Thermometern:

- **Getränkethermometer**
Die analogen Geräte sind günstig, präzise und vielseitig verwendbar.
- **Selbstklebende Thermometer**
Die Flüssigkristall-Thermometer werden zur einfachen Ablesbarkeit außen an den Gärbottich geklebt.
- **Digitalthermometer**
Sie sind am einfachsten anzuwenden und abzulesen, aber die teuerste Option.

LAGERBEHÄLTER

Brauer benötigen Behälter, in denen sie ihr Bier während der Reifung aufbewahren. Das können Druckfässer, Bottiche (Kegs) oder auch Flaschen sein (siehe S. 68f.).

DOSENÖFFNER UND KOCHER

Zum Brauen mit dem Bierkit braucht man einen Dosenöffner und einen Wasserkocher, um den Extrakt im Gärbehälter mit heißem Wasser auflösen zu können.

GÄRVENTILE

Ein Gärventil ist ein Einwegventil, das in einem Gummistopfen mit Loch auf dem versiegelten Gärbottich steckt. Während der Gasdruck im Bottich zunimmt, lässt es Kohlendioxid (CO_2) entweichen, verhindert aber gleichzeitig, dass Bakterien eindringen. Es gibt zwei Hauptformen:

- **Gärröhrchen**
Das Gärröhrchen (Gärspund) besteht aus einem Glasrohr mit mehreren Kammern, den Wasserfallen. Es ist mit Wasser gefüllt, das die Würze vor Luftkontakt schützt, aber CO_2 entweichen lässt. Anhand der Blasen kann man sehen, dass die Gärung im Gang ist.
- **Gärglocke**
Die Gärglocke besteht aus einem kleinen Kunststoffbecher, in den ein glockenförmiger Deckel eingesetzt ist. Der steigende Gasdruck im Bottich hebt die Glocke an, sodass CO_2 entweichen kann. Dann schließt die Glocke wieder und hält Bakterien draußen. Die Gärglocke ist leichter zu reinigen als ein Röhrchen, da man sie auseinandernehmen und abspülen kann.

ABFÜLLRÖHRCHEN

Dieses praktische Hilfsmittel besteht aus einem Plastikrohr mit einem Ventil und dient dazu, das Jungbier auf Flaschen zu ziehen.

HITZEQUELLEN

Ist die Temperatur für die Gärung zu niedrig, helfen diese Wärmequellen weiter:

- **Heizgurt**
Der Gurt wird um den Bottich geschlungen. Er ist zwar preiswert, dafür kann man jedoch die Wärme nicht regulieren.
- **Heizplatte**
Die Wärmeplatte stellt man einfach auf den Boden und darauf den Bottich. Es gibt Modelle mit und ohne Thermostat.
- **Tauchsieder**
Der Tauchsieder wird in die Würze gehängt. Die teuersten Modelle haben einen einstellbaren Thermostaten für eine präzise Temperaturkontrolle.

Zusätzliche Ausstattung für das Malzextrakt- und Maischebrauen

Edelstahlkessel

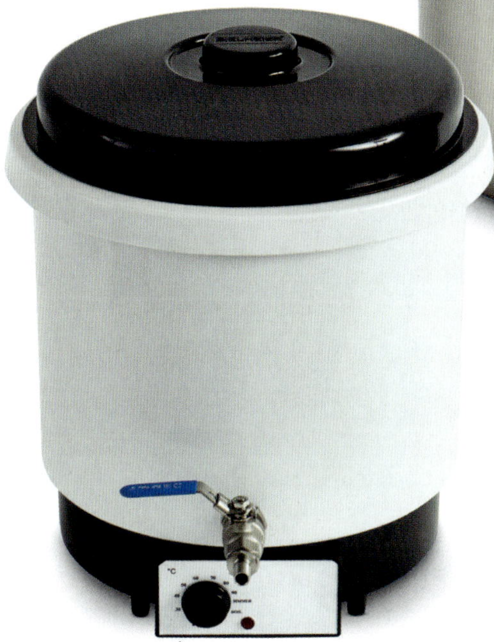

Temperatur-regler

Plastikkessel

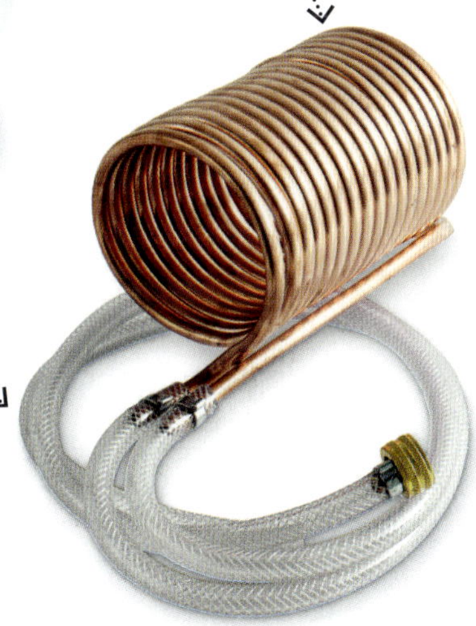

Kupferrohr

Plastikschlauch

Tauchkühler

KESSEL

Für das Malzextrakt- und Maischebrauen benötigt man einen Topf, in dem man große Mengen Flüssigkeit kochen kann. Es gibt Modelle aus Plastik (preiswert und pflegeleicht), Edelstahl (robust und pflegeleicht) oder Emaille (robust und verfärbungsresistent). Wählen Sie Ihren Kessel immer ein wenig größer als benötigt, um ein Überkochen zu verhindern – für 23 Liter Sud benötigen Sie einen Kessel mit 30 Litern Fassungsvermögen. Beheizt werden die Kessel mit einer eingebauten Heizschlange oder durch einen Gasbrenner (die meisten Gasherde liefern nicht genug Hitze für das Sudkochen).

KÜCHENWAAGE

Sie müssen die Getreideschüttungen und Hopfengaben laut Rezept abwiegen. Digitale Küchenwaagen können auch kleine Hopfengaben präzise abmessen.

DIGITALER KÜCHENTIMER

Eine »Eieruhr« dient dazu, Sie an die Hopfengaben zu erinnern.

KÜHLER

Mit einem Kühler kann man große Mengen heißen Sud schnell abkühlen. Dadurch sinkt das Risiko eines Bakterienbefalls; außerdem entsteht auf diese Weise eine »Kältepause«, in der die Eiweiße ausfallen, auf den Kesselboden sinken und somit nicht so schnell in den Gärbottich gelangen. Es gibt zwei Typen von Kühlern:

- **Tauchkühler**
Dieser Kühler besteht aus einem gewundenen Kupfer- oder Edelstahlrohr und wird in die heiße Würze getaucht. Durch Schlauchanschlüsse an beiden Enden wird kaltes Wasser als Kühlmittel durchgepumpt. Der Kühler kann 23 Liter siedenden Sud binnen 30 Minuten auf eine Gärtemperatur von rund 20 °C abkühlen.
- **Gegenstromkühler**
Dieser Kühler besteht aus mehreren Metallplatten in einem geschlossenen Gehäuse. Durch einen Kanal auf der Oberseite läuft kaltes Wasser, durch einen anderen auf der Unterseite heiße Würze. Die Metallplatten fungieren dabei als Wärmetauscher und kühlen die Würze ab. Gegenstromkühler erfordern eine zusätzliche Pumpe, sind schwierig zu reinigen und teurer als Tauchkühler.

MALZBEUTEL

Diese Netzbeutel sind sehr hilfreich, wenn man besondere Malze in die Maische einbringen will.

Zusätzliche Ausstattung für das Maischebrauen

MAISCHEBOTTICH
Der Maischebottich ist das Gefäß, in dem Sie beim Einmaischen das Malz mit heißem Wasser mischen (siehe S. 59). Ein guter Bottich sollte wärmeisoliert sein und die Temperatur für die Dauer der Maischung konstant halten können – sie sollte über 90 Minuten lang um nicht mehr als 1 °C sinken. Viele im Heimbrauereihandel erhältliche Bottiche bestehen nur aus einer Plastikbox mit einem Ablaufhahn und einem Siebeinsatz. Alternativ können Sie sich auch einen Bottich aus einer Kühlbox bauen. Edelstahlbottiche sind langlebiger und leichter zu reinigen als Plastikbehälter.

ROTIERENDER MAISCHESPÜLER
Dieses sprinklerähnliche Gerät dient zum Durchspülen der Treber beim Läutern (siehe S. 60). Es besteht aus einem Edelstahlrohr mit winzigen Löchern, das frei rotiert, sobald der Nachguss hindurchfließt, und so die Treber mit einem feinen Regen durchspült. Eine quer über den Rand des Bottichs gelegte Halterung sorgt dafür, dass der Spülarm nicht in den Bottich fällt.

HEISSWASSERTANK
Dieser Kessel oder Tank dient dazu, das Brauwasser zu erhitzen und für die verschiedenen Brauphasen – Maischen, Nachguss, Sudkochen (siehe S. 58ff.) – warmzuhalten. Sie können zu diesem Zweck auch einen Wasserkocher verwenden, aber mit einem separaten Kessel geht es meist schneller und bequemer. So ist ein Heißwassertank vor allem dann praktisch, wenn Sie Ihr Brauwasser aufbereiten müssen (siehe S. 36f.), da Sie so den gesamten Guss auf einmal vorbereiten können. Aus diesem Grund muss der Tank größer sein als die Sudpfanne, braucht aber keine so starke Hitzequelle, da er das Wasser für die Maische und den Nachguss erwärmen, aber nicht kochen soll.

isoliertes Plastikgehäuse
Ablaufhahn
Plastik-Maischebottich

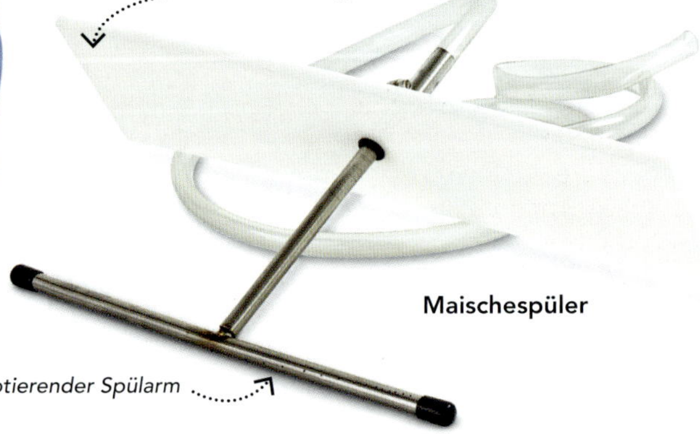
Plastikhalterung
Rotierender Spülarm
Maischespüler

Spezialgeräte

ERLENMEYERKOLBEN

Der nach dem deutschen Chemiker Emil Erlenmeyer benannte Kolben ist ein konisches Glasgefäß, das ideal zum Ansetzen einer Starterkultur ist (siehe S. 62f.). Man kann die Kultur im selben Behälter anmischen, erhitzen und gären lassen. Dank der Form kann man den Inhalt aufschütteln, ohne ihn zu verschütten. Die Kapazität des Kolbens sollte um mindestens 1 Liter größer sein als das Volumen der Starterkultur.

Refraktometer

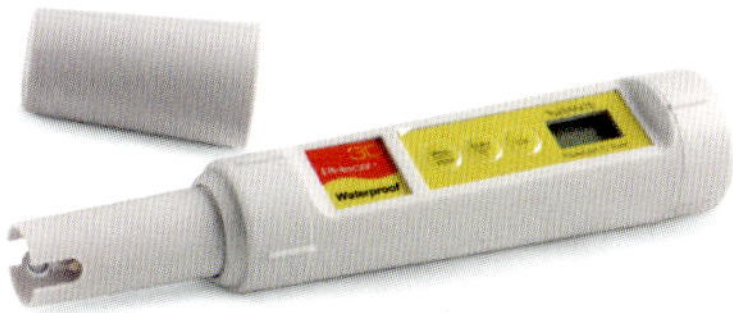

Digitales pH-Messgerät

Erlenmeyer-kolben

Hopfeninfuser

HOPFENINFUSER

Mit einem Hopfeninfuser kann man zarte Hopfenöle und -aromen extrahieren, die normalerweise beim Kochen verlorengehen. Am Ende des Kochvorgangs leitet man den Sud durch das Gerät, bevor er in einen Gegenstromkühler (siehe S. 51) läuft, wo er gekühlt und die Aromen »eingeschlossen« werden. Die vor allem im angloamerikanischen Raum beliebten Geräte können aus einer relativ geringen Menge Hopfen einen sehr starken Hopfengeschmack gewinnen. Mit der speziell für Hobbybrauer entwickelten »HopRocket« können auch Amateure professionelle Ergebnisse erzielen.

REGELBARER KÜHL-/WÄRME-SCHRANK

Indem Sie die Brautemperatur steuern, können Sie viele unterschiedliche Bierstile mit gleichbleibender Qualität zubereiten. Hobbybrauer stellen oft den Gärbottich in einen alten Kühlschrank, der mit einem Heizelement und einer Temperatursteuerung ausgestattet wurde. Kühlung und Heizung sind digital gesteuert, sodass man den Schrank je nach Bedarf zum Kühlen oder Warmhalten nutzen kann.

MAGNETRÜHRER

Der Magnetrührer besteht aus einer Platte und einem Metallstäbchen, das magnetisch angetrieben im Gärbehälter rotiert, um Hefe-Starterkulturen in Bewegung zu halten (siehe S. 62f.).

ABFÜLLPISTOLE

Das Gerät dient dazu, das in einem Fass gelagerte Bier unter Zugabe von CO_2 in Flaschen abzufüllen, ohne dass eine Nachgärung nötig wird (siehe S. 66). Damit vermeidet man Bodensatz in der Flasche.

REFRAKTOMETER

Mit diesem optischen Instrument kann man die Dichte einer Flüssigkeit einfach und präzise anhand ihres Brechungsindexes bestimmen. Man gibt wenige Tropfen Flüssigkeit auf das Prisma und kann anschließend die spezifische Dichte des Biers ablesen. Damit ist das Refraktometer ein Ersatz für Spindel und Zylinder (siehe S. 49). Die meisten Refraktometer haben eine automatische Temperaturanpassung, sodass man auch den Extraktgehalt des heißen Suds messen kann (siehe S. 60).

DIGITALES PH-MESSGERÄT

Fortgeschrittene Hobbybrauer legen Wert darauf, den Säuregrad ihrer Maische zu kennen. Digitale pH-Messgeräte sind leicht anzuwenden und zu eichen; außerdem sind sie präziser und leichter abzulesen als Teststreifen aus Papier.

BRAUSOFTWARE

Beim Entwickeln eigener Malzextrakt- oder Maischerezepte kann eine Software die notwendigen Berechnungen von Bittere, Farbe und Extraktgehalt sehr vereinfachen. Viele Programme generieren auch Formulare, mit denen Sie Ihren nächsten Brautag planen können. Manche erstellen sogar Einkaufslisten für die notwendigen Zutaten (weitere Informationen siehe S. 213).

Brauen mit dem Bierkit

Bierkits sind perfekt für den Einstieg, weil man mit geringem Aufwand und minimalen Kenntnissen Bier zubereiten kann. Mit etwas Sorgfalt bekommt man so binnen weniger Wochen ein gutes Ergebnis.

Den meisten Kits ergeben etwa 23 Liter Bier, wobei stärkere Biere auch in kleineren Mengen gebraut werden können, um Konzentration und Stammwürze zu erhöhen. Überprüfen Sie, ob alle Zutaten vorhanden und frisch sind und ob Sie alle nötigen Utensilien haben. Lesen Sie die Gebrauchsanleitung und prüfen Sie, wie viel Wasser Sie zugeben müssen.

UNTERSCHIEDLICHE GEBINDE

- Gebinde mit einer Dose flüssigen gehopften Malzextrakts enthalten meist zu wenig Extrakt. Man benötigt zusätzlich fermentierbaren Zucker oder mehr Malzextrakt, um die richtige Stammwürze zu erreichen.
- Gebinde mit zwei Dosen (siehe unten) enthalten die doppelte Menge Extrakt; man braucht daher keinen zusätzlichen Zucker. Mit diesen Kits braut man ein professionelleres, vollmundiger schmeckendes Bier.
- Trockenmalz-Kits enthalten Pulver und müssen oft mit Zucker oder Extrakt ergänzt werden. Lesen Sie zunächst immer die Anleitung.

UTENSILIEN

- Großer Topf
- Dosenöffner
- Gärbehälter
- Wasserkocher
- Bierlöffel oder Braupaddel
- Bierspindel und Spindelzylinder
- Thermometer
- Gärröhrchen (optional)

ZUTATEN

- 1 bzw. 2 Dosen Flüssigmalzextrakt oder 1 Paket Trockenmalz
- 1 Päckchen Bierhefe
- Hopfen oder Früchte (nach Bedarf)

VORBEREITUNG 20 MIN.

1 **Die Dosen mit dem Malzextrakt** in einen Topf mit heißem Wasser stellen; so wird der Extrakt dünnflüssiger und lässt sich leichter ausgießen. Währenddessen alle Utensilien gründlich sterilisieren (siehe S. 46f.).

2 **Die Dosen öffnen** und in den Gärbehälter entleeren. Kochendes Wasser aus dem Wasserkocher dazugeben. Die Dosen mit etwas kochendem Wasser ausschwenken – Topflappen benutzen!

DIE WÜRZE ZUBEREITEN ⏰ 10 MIN.

3 **Die Würze mit kaltem Wasser** von oben schwallartig auf die erforderliche Menge auffüllen und kräftig durchrühren. So gelangt viel Sauerstoff in die Würze; das regt die Hefe zu schneller Vermehrung und effizienter Gärung an.

4 **Eine Probe der Würze** in den sterilen Spindelzylinder abfüllen – am besten mit einer Bierentnahme- oder Bratenpipette. Mithilfe der Bierspindel wird die Anfangsdichte der Würze gemessen (siehe S. 65).

DIE HEFE ANSTELLEN ⏰ 5 MIN.

5 **Die Temperatur der Würze** im Gärbehälter messen. Ist sie höher als 24 °C, Deckel schließen und die Würze zunächst abkühlen lassen. Dann erst in Schritt 6 die Hefe zugeben. Eine zu heiße Würze kann die Hefezellen abtöten.

6 **Hefepäckchen öffnen** und die Hefe gleichmäßig über die Würze streuen (»anstellen«). Je nach Anleitung Hopfen oder Früchte zugeben. Deckel schließen, falls vorhanden ein Gärröhrchen aufsetzen und die Würze gären lassen.

Gärung, siehe S. 64f.

Brauen mit Malzextrakt

Das Brauen mit Malzextrakt braucht etwas mehr Zeit als mit einem Bierkit (siehe S. 54f.); dafür sorgen frischer Hopfen und Spezialmalze für einen volleren Biergeschmack und mehr Aroma.

Viele Hobbybrauer-Karrieren beginnen mit der Malzextraktmethode, bei der ungehopfter Extrakt mit frischem Hopfen gekocht wird. Der Schlüssel zu einem großartigen Bier ist die Verwendung absolut frischer Zutaten.

Für die Malzextraktrezepte in diesem Buch wird Extraktpulver verwendet, das sich gut in kaltem Wasser auflöst. Möchten Sie Flüssigextrakt verwenden, nehmen Sie besser heißes Wasser.

WIE VIEL WÜRZE?

Wenn möglich, sollten Sie die gesamte Würze zubereiten (27 Liter). Möchten Sie jedoch eine kleinere Menge brauen, nehmen Sie 10 Liter Wasser und nur 1 Kilogramm Trockenmalzextrakt. Dadurch bleibt die Stammwürze gering (so als hätten Sie die gesamte Menge zubereitet); auf diese Weise kann der Hopfen dem Bier die richtige Bittere vermitteln. Zehn Minuten vor Ende des Kochvorgangs geben Sie den restlichen Malzextrakt hinzu und füllen den Gärbehälter mit kaltem Wasser auf.

UTENSILIEN

- Küchenwaage
- Brautopf oder großer Kessel
- Thermometer
- Malzbeutel (optional)
- Bierlöffel oder Braupaddel
- Kühler (optional)
- Gärbehälter
- Bierspindel und Spindelzylinder
- Gärröhrchen (optional)

ZUTATEN

- Spezialmalze (optional)
- Malzextrakt (flüssig oder trocken)
- Hopfen

VORBEREITUNG ⏰ 30 MIN.

1 **Die Planung ist das A und O** eines erfolgreichen Brautages; daher lohnt sich ein detailliertes Brauprotokoll mit allen Arbeitsschritten. Alle Utensilien müssen steril (siehe S. 46f.) und alle Zutaten präzise abgewogen sein.

2 **Das Wasser in einen Kocher** oder großen Topf füllen und erhitzen. Sollen Malze eingeweicht werden, das Wasser zunächst nur auf 70 °C erhitzen. Andernfalls das Wasser zum Kochen bringen und mit Schritt 4 fortfahren.

DIE WÜRZE ANRÜHREN 40 MIN.

3 **Die Malze** (möglichst mit einem Malzbeutel) ins Wasser geben. Den Topf abdecken und 30 Min. bei 65–70 °C ziehen lassen. Die Malze absieben (oder den Malzbeutel herausheben) und das Wasser zum Kochen bringen.

4 **Sobald das Wasser kocht,** den Topf von der Platte nehmen und den Malzextrakt zugeben (Pulver zuvor in etwas Wasser auflösen). Die Würze mit dem Bierlöffel oder Paddel gründlich klumpenfrei rühren und kräftig aufkochen.

DIE WÜRZE KOCHEN UND ABKÜHLEN 1½ – 2 STD.

5 **Den ersten Hopfen** (für die Bittere) hinzugeben und den Timer für die folgenden Hopfengaben stellen (für den Geschmack). Aromahopfen erst nach Kochende zugeben, wenn die Würze auf 80 °C abgekühlt ist.

6 **Die Würze schnell** mit einem Kühler (siehe S. 61) abkühlen oder in eine Wanne mit Eiswasser stellen. Sobald sie auf 20–24 °C abgekühlt ist, die Würze in den Gärbehälter umfüllen, den Extraktgehalt messen und die Hefe anstellen.

Anstellen der Hefe, siehe S. 62f.

Das Maischebrauen

Diese Methode erfordert am meisten Ausstattung, Geschick und Wissen, ist aber auch für Einsteiger zu bewältigen. Sie besteht aus drei Schritten: Maischen, Läutern und Kochen.

SCHRITT 1 – MAISCHEN
Beim Maischen (siehe gegenüber) weicht man Malz mindestens 1 Stunde im heißen Brauwasser ein. Dadurch wird die Stärke aus dem Getreide gelöst und in fermentierbaren (vergärbaren) Zucker umgewandelt.

SCHRITT 2 – LÄUTERN
Beim Läutern (siehe S. 60) wird die Maische durchgespült (»geläutert«), um so viel fermentierbaren Zucker wie möglich zu extrahieren. Die so gewonnene süße Würze wird in die Sudpfanne umgefüllt.

SCHRITT 3 – KOCHEN
Beim Sudkochen (siehe S. 61) wird die Würze gekocht und in laut Rezept vorgegebenen Intervallen mit Hopfen versetzt. Diese Phase sollte mindestens 1 Stunde dauern. In dieser Zeit wird die Würze sterilisiert und der Hopfen gibt Bittere, Geschmack und Aroma an sie ab.

UTENSILIEN
- Kocher/Heißwassertank (optional)
- Küchenwaage
- Maischebottich
- Bierlöffel oder Braupaddel
- Maischespüler und Schläuche
- Sudkessel
- Kühler
- Gärbehälter
- Bierspindel und Spindelzylinder

ZUTATEN
- Malz
- Hopfen
- Schönungsmittel (siehe S. 63)

VORBEREITUNG BIS ZU 1 STD.

1 **Das Brauwasser** im Kocher oder Tank auf 77 °C erhitzen. Das kann bis zu 1 Std. dauern. Am bequemsten ist ein Heißwassertank mit Zeitschaltuhr, den man 1 Std. vor Arbeitsbeginn mit dem Erhitzen beginnen lassen kann.

2 **Alle Utensilien und Zutaten** bereitstellen. Die Zutaten (bei Bedarf inklusive Schönungsmittel) im Voraus abwiegen und den Hopfen mit Zugabe- und Kochzeit beschriften. Den Maischebottich mit heißem Wasser vorwärmen.

Schritt 1 – Maischen

Die ideale Maischetemperatur beträgt 65–68 °C. Der obere Temperaturbereich produziert weniger fermentierbaren Zucker für süßere, weichere Biere, der untere liefert mehr Zucker für trockenere, stärkere Biere. Nehmen Sie 2,5 Liter heißes Wasser pro 1 Kilogramm Malz; so können Sie noch heißes oder kaltes Wasser zugeben, um die Temperatur zu steuern.

DREI MAISCHVERFAHREN

- Beim einstufigen Infusionsverfahren (siehe unten) bleibt die Temperatur der Maische während der gesamten Dauer konstant. Diese einfachste Methode ist vor allem in Großbritannien sehr beliebt.
- Bei der Kesselmaische beginnt man mit einer niedrigen Temperatur, die dann in mehreren Stufen (»Rasten«) erhöht und jeweils gehalten wird. Mit dieser Methode kann man mehr Zucker aus dem Malz extrahieren.
- Beim Dekoktionsverfahren erhöht man die Temperatur schrittweise, indem man immer wieder einen Teil der Maische entnimmt, separat kocht und wieder in den Bottich gibt. Dieses Zubrühen kann in 1, 2 oder 3 Schritten erfolgen und verleiht dem Bier einen stärkeren Malzcharakter.

VERKLEBTE MAISCHE

Rühren Sie die Malze beim Einmaischen nicht zu heftig durch, da das zu einer verklebten Maische führen kann. Die Treber dieser Maische sind dann zu dicht gepackt, sodass der Nachguss kaum durchlaufen kann und außerdem der Ablaufhahn für die Würze verstopft. In diesem Fall rühren Sie die Treber sanft auf und lassen sie anschließend absetzen. Die dadurch verlängerte Maischedauer ist kein Problem; selbst wenn die Maische länger als eine Stunde im Bottich bleibt, beeinflusst das den Charakter des fertigen Biers nicht.

EINSTUFIGES INFUSIONSVERFAHREN CA. 1 STD.

3 **Das heiße Wasser und die Malze** in den Bottich geben – diesen Vorgang nennt man »Einmaischen«. Die erforderliche Menge Wasser aus Kocher oder Tank zapfen, dann das Malz ganz langsam klumpenfrei zuschütten.

4 **Eventuelle Malzklumpen** mit dem Löffel durch vorsichtiges (nicht zu starkes!) Rühren sanft aufbrechen. Deckel schließen und die Maische 1 Std. ziehen lassen. Das restliche Wasser im Kocher oder Tank sollte seine 77 °C beibehalten.

Läutern und Kochen, siehe Seite 60f.

Schritt 2 – Läutern

Sobald das Malz gemaischt ist, muss man den vergärbaren Zucker aus der Maische auswaschen und die Würze in die Sudpfanne ablassen. Diesen Vorgang nennt man »Läutern«. Das Wasser (der »Nachguss«) sollte hierfür 74–77 °C haben – ist es wärmer, lösen sich Tannine im Malz und sorgen für raue, trockene Noten; ist es kühler, wird die Würze dickflüssig und weniger Zucker extrahiert. Bereiten Sie mindestens 20 Liter Nachguss vor.

DREI METHODEN DES LÄUTERNS

- Der kontinuierliche Nachguss (unten) extrahiert den meisten Zucker aus den Trebern. Dabei werden die Treber beständig mit Nachguss besprüht, während die gleiche Menge Würze unten aus dem Bottich abläuft.
- Beim portionsweisen Läutern gibt man unter Rühren heißes Wasser zur Maische und lässt sie 20 Minuten ziehen. Dann zieht man etwas Würze von unten ab und gibt sie wieder in den Bottich, um Schwebstoffe auszufiltern. Sobald der Ablauf klar ist, wird die nächste Portion geläutert.
- Man kann die Würze auch ohne Nachguss abläutern. Das ist zwar die einfachste Methode, man extrahiert damit jedoch nur wenig Zucker.

ZU VIEL WASSER

Gießen Sie nicht zu viel Wasser nach. Fällt die Dichte bei der Probe unter 1010 g/l, besteht die Gefahr, dass Tannine aus den Trebern extrahiert werden, die die Qualität des Biers beeinträchtigen.

Um die Dichte der heißen Würze zu messen, geben Sie einfach ein bis zwei Tropfen davon auf ein Refraktometer (siehe S. 53); es berücksichtigt die hohe Temperatur bei der Messung.

KONTINUIERLICHER NACHGUSS 30–40 MIN.

5 **Würze von unten** abziehen und über die Treber gießen, bis sie klar abläuft. Dann Maischespüler aufsetzen und über einen Schlauch mit dem Heißwassertank verbinden. Einen zweiten Schlauch vom Ablaufhahn zur Sudpfanne legen.

6 **Den Nachguss** aus dem Tank starten und den Ablaufhahn des Maischebottichs öffnen. Die Würze vorsichtig (ohne zu spritzen) in die Sudpfanne ablaufen lassen. Fortfahren, bis sich etwa 27 Liter Würze im Sudkessel befinden.

Schritt 3 – Kochen

Hat die Würze im Sudkessel das vorgesehene Volumen erreicht, bringen Sie sie zum sprudelnden Kochen und geben den Hopfen nach Rezept hinzu. Das Kochen entzieht dem Hopfen Alphasäuren, Geschmack und Aromen (siehe S. 28f.). Außerdem wird die Würze so sterilisiert, konzentriert und unerwünschte Eiweiße werden ausgefällt (siehe rechts).

DIE WÜRZE ABKÜHLEN

■ Nach dem Kochen muss die Würze so schnell wie möglich abgekühlt werden, um anschließend die Hefe zuzugeben. Das schnelle Abkühlen verhindert einen Befall mit kontaminierenden Bakterien. Die effizienteste Methode ist der Einsatz eines Tauchkühlers (siehe S. 51 und Schritt 8 unten), der die Würze innerhalb von 20 Minuten auf die Gärtemperatur von 20 °C abkühlt. Senken Sie die Kühlspirale etwa 10 Minuten vor Ende des Kochens in die Würze, um sie zu sterilisieren.

■ Wenn Sie keinen Kühler haben – und keinen elektrischen Brautopf verwenden – können Sie den Kessel auch in eine Wanne mit Eiswasser stellen. Das ist die einfachste Methode, aber das Abkühlen dauert rund 1 Stunde.

KALT- UND HEISSTRUB

Die hohen Temperaturen beim sprudelnden Kochen sorgen für einen »Heißtrub«; das nachfolgende schnelle Abkühlen für einen »Kalttrub«. Das bedeutet, dass die in der Würze gelösten Eiweiße gerinnen, ausfallen und auf den Boden des Kessels sinken. Durch das Ausfallen gelangen die Eiweiße nicht mit in den Gärbehälter, wo sie dem fertigen Bier eine »Kältetrübung« und Fehltöne verpassen könnten.

WÜRZE KOCHEN UND ABKÜHLEN 1½ – 2 STD.

7 **Die Würze aufkochen** und auf den Heißtrub warten, dann den ersten Hopfen für die Bittere zugeben. Den Vorgaben des Rezepts folgen und weiteren Hopfen (für Geschmack und Aroma) nach Anleitung zufügen.

8 **Kurz vor Ende** des Kochens den Kühler in die Würze senken. Zum Abkühlen kaltes Wasser hindurchleiten. Sobald die Würze auf 20–22 °C abgekühlt ist, den Ablaufhahn voll öffnen und die Würze in den Gärbehälter ablaufen lassen.

Die Hefe anstellen, siehe S. 62f.

Die Hefe anstellen

Die Würze ist zubereitet – nun geben Sie Hefe zu, um die Gärung zu starten. Nach einigen Tagen kommt eventuell noch einmal Hopfen hinzu. Das nennt man »Hopfenstopfen«.

Die richtige Hefemenge (»Anstellmenge«) ist der Schlüssel zu einer gesunden Gärung. Zu wenig stresst die Hefe, verzögert den Gärbeginn (siehe S. 64) und erhöht die Infektionsgefahr. Zu viel Hefe kann zu unerwünschten Geschmacksnoten und schalem Bier führen. Die richtige Anstellmenge hängt von Volumen, Dichte und Temperatur der Würze ab:

- Ein Paket Trockenhefe reicht für 23 Liter Bier.
- Biere mit höherer Dichte (über 1060 g/l) enthalten mehr fermentierbaren Zucker und brauchen daher mehr Hefe – etwa 2 Pakete pro Sud.
- Nehmen Sie zum Gären bei niedrigeren Temperaturen 2 Pakete Hefe.

STARTERKULTUREN

Ein Flüssighefestarter ist eine Lösung aus Flüssighefe, Trockenmalzextrakt und Wasser, die man vorgären lässt. Auf diese Weise vermehrt man Hefezellen für das Anstellen. Auf S. 213 finden Sie Informationen zu Onlineprogrammen, die dabei helfen, die erforderliche Startermenge zu berechnen.

TROCKENHEFE – FLÜSSIGHEFE

Trockenhefe hält sich lang; sie kann direkt auf die Würze gestreut werden. Solange sie an einem kühlen Ort gelagert wird, sollte sie genügend lebende Zellen enthalten, um eine entsprechende Sudmenge zu vergären.

Die Menge lebender Zellen in Flüssighefe nimmt dagegen stetig ab. Sie muss meist innerhalb von 4 Monaten verbraucht werden, da sie zunehmend schwächer wird. Mit einer Portion Flüssighefe kann man nur etwa 18 Liter Sud vergären; daher empfiehlt sich der Ansatz einer Starterkultur.

EINE STARTERKULTUR ANSETZEN

15 MIN. PLUS 2 TAGE GÄRZEIT

1 Ein Gefäß wählen, das um 1 Liter größer ist als die Startermenge. Ideal ist ein Erlenmeyerkolben, da er sich sowohl zum Kochen als auch zum Abkühlen eignet. Das Trockenmalz in Wasser auflösen (100 g pro 1 Liter Starter).

2 Das Gefäß mit Wasser auf das gewünschte Volumen auffüllen und aufkochen. Nach 15 Min. in Eiswasser abkühlen. Alternativ den Starter in einem Topf kochen und nach dem Abkühlen in ein steriles Gefäß abfüllen.

EINE STARTERKULTUR ANSETZEN (FORTSETZUNG)

3 **Die Hefe zugeben,** das Gefäß mit Alufolie abdecken und gut schütteln. 2 Tage ruhen lassen, dabei regelmäßig aufschütteln, um Sauerstoff einzuführen. Nach Abschluss der Gärung die Hefe absetzen lassen.

4 **Die Flüssigkeit weggießen** und die Hefe aufbewahren. Sobald die Würze im Gärbehälter auf 20–24 °C abgekühlt ist, die Hefekultur hineingeben, den Deckel schließen und (falls vorhanden) ein Gärröhrchen aufsetzen.

HOPFENSTOPFEN

Unter Hopfenstopfen versteht man die Zugabe von frischem Hopfen einige Tage nach dem Anstellen, sobald die Hauptgärung (siehe S. 64) beendet ist. Das hat den Vorteil, dass man mit einer relativ geringen Menge Hopfen ein kräftiges Hopfenaroma gewinnt, da Aromen und ätherische Öle weder durch die Hitze des Kochens noch durch das während der Hauptgärung aufsteigende Kohlendioxid zerstört werden.

- Stopfen Sie etwa 4 Tage nach Anstellen der Hefe. Zu diesem Zeitpunkt ist bereits Alkohol im Bier vorhanden (der am Hopfen haftende Bakterien abtötet) und es wird nur noch wenig Kohlendioxid produziert.
- Verwenden Sie ein Hopfensäckchen, damit keine Hopfenstücke ins Bier gelangen. Das macht auch das Herausnehmen einfacher.
- Entfernen Sie den Hopfen nach etwa 1 Woche. Wenn Sie ihn erst später herausnehmen, könnte er dem Bier einen unerwünscht grasigen Charakter verleihen.
- Nehmen Sie für einen typischen Sud 25–50 Gramm Hopfen. Die Menge hängt von der Stärke der Hopfensorte ab – hier dürfen Sie experimentieren.
- Das Hopfenstopfen funktioniert sowohl beim Brauen mit Bierkit als auch beim Maische- und Malzextraktbrauen.

SCHÖNUNGSMITTEL

Schönungs- oder Klärungsmittel sollen das Bier beim Brauvorgang klären. Sie lassen in der Flüssigkeit gelöste Schwebstoffe verklumpen und auf den Boden des Gärbehälters absinken, wo sie nicht mehr so schnell ins fertige Jungbier gelangen können. Es gibt zwei Stadien für die Zugabe:

- Während der letzten 10–15 Minuten des Kochens. Schönungsmittel wie Irish Moss (eine Rotalge, auch Carrageen genannt) verhindern, dass Eiweiße aus dem Malz in den Gärbehälter gelangen; sie sind sehr empfehlenswert.
- Nach Abschluss der Gärung, um die Klärung zu beschleunigen. Brauereien verwenden Schönungsmittel, um die Zeit zu verkürzen, bis sich das Bier nach dem Transport wieder beruhigt. Hobbybrauer haben dagegen die freie Wahl, ob und wie sie schönen, da sich ihr Bier mit der Zeit auch durch die Schwerkraft klärt. Eine beliebtes Mittel ist Hausenblase (Isinglass), das aus der Schwimmblase von Fischen gewonnen wird.

Die Gärung

Sobald Sie Ihre Würze gekocht und die Hefe angestellt haben, kommt im nächsten Schritt die Gärung, bei der die süße, bisher nicht alkoholische Flüssigkeit in Bier verwandelt wird.

DIE DREI STADIEN DER GÄRUNG

■ Im ersten Stadium der Gärung, der **Anstell-** oder **Vermehrungsphase,** beginnen die Hefezellen sich stark zu vermehren. Da die Würze dabei durch Infektionen gefährdet ist, sollte diese Phase so kurz wie möglich sein – maximal 24 Stunden. Gegen Ende dieser Zeit sollten sich cremefarbene Schaumberge bilden – die »Kräusen«: Zeichen dafür, dass die Gärung beginnt.

■ Das zweite Stadium der Gärung ist die **Hauptgärungsphase**. Die Hefe vergärt den Zucker in der Würze und produziert unter anderem Alkohol und Kohlendioxid. Die Phase dauert meist einige Tage, in denen die Dichte abnimmt und die Kräusen zusammenfallen. In dieser Zeit sind dunklere Ablagerungen, die Hefeflecken, und sogar ein stechender Geruch normal.

■ Im dritten Stadium der Gärung, der **Klärungsphase**, entfernt die Hefe alle unerwünschten Nebenprodukte: natürlich entstandene Chemikalien wie Ester und Diacetyl. Das sorgt für ein klares, rein schmeckendes Bier.

SAUERSTOFF UND TEMPERATUR

Im ersten Gärstadium ist Sauerstoff unverzichtbar, denn ohne ihn könnte die Hefe sich nicht kraftvoll vermehren. Beim Hobbybrauen reicht es aus, wenn der Brauer die Würze kurz vor dem Anstellen kräftig mit dem Bierlöffel oder Braupaddel durchrührt und so Sauerstoff hineinquirlt. Das ist allerdings das einzige Mal während des gesamten Brauprozesses, dass Sauerstoff aktiv zugeführt werden sollte.

Nur wenn die Würze durchgehend die richtige Temperatur hat, kann die Hefe sich vermehren und die Gärung optimal ablaufen. Jeder Hefestamm hat dabei seinen eigenen idealen Temperaturbereich. Indem er innerhalb dieses Bereichs arbeitet, kann der Brauer den Geschmack des Biers beeinflussen. Niedrigere Temperaturen führen meist zu neutraleren Bieren, während mehr Wärme zusätzliche Geschmackskomponenten kreiert – hier haben Sie die freie Wahl!

TIPPS FÜR EINE GESUNDE GÄRUNG

■ Bringen Sie vor dem Anstellen der Hefe reichlich Sauerstoff unter die Würze. Lassen Sie sie dazu nach dem Kochen aus größerer Höhe in den Gärbehälter plätschern und rühren Sie sie anschließend kräftig durch.

■ Beginnen Sie immer mit einer etwas höheren Temperatur als im Rezept angegeben, um die Gärung anzuschieben. Sobald die Gärung begonnen hat, können Sie die Temperatur wieder reduzieren.

■ Geben Sie immer die angegebene Menge Hefe in die Würze – zu wenig, und die Gärung bleibt stecken; zu viel, und es kann zu Fehltönen kommen (siehe S. 62).

DICHTE MESSEN MIT DER BIERSPINDEL ⏰ 5 MIN.

1 **Die einzige Methode,** um festzustellen, ob die Gärung abgeschlossen ist, ist die Messung der Dichte der Würze (der Wert entspricht dann der erwarteten Enddichte). Dazu füllt man eine Probe in einen sterilen Spindelzylinder.

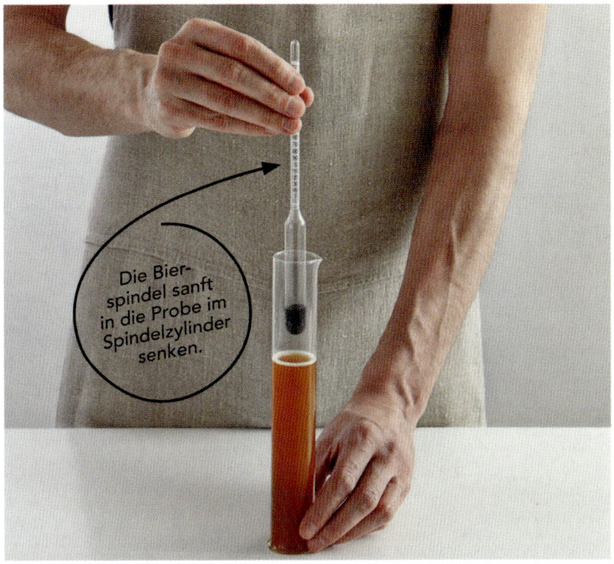

2 **Die Bierspindel** an der Spitze des Halses halten und in die Probe absenken, bis sie schwimmt. Vorsichtig loslassen und ablesen, sobald die Spindel ruhig steht. Erschweren Blasen das Ablesen, einfach die Spindel sanft hin und her drehen.

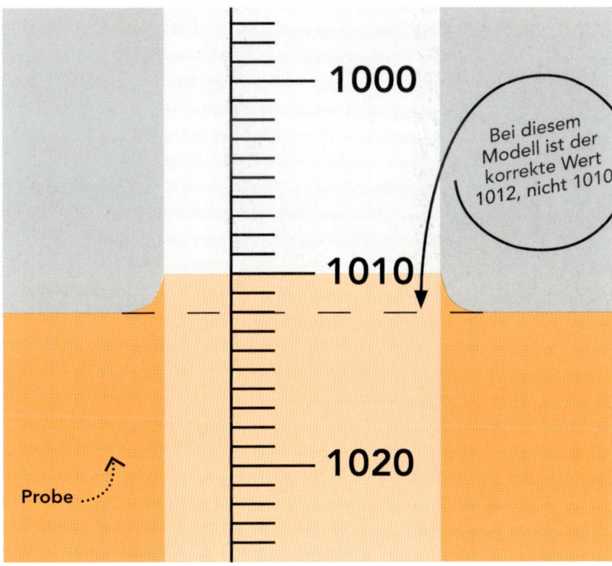

3 **Den Wert auf Augenhöhe** ablesen. Je nach Modell liest man die Dichte am oberen oder unteren Meniskus der Flüssigkeit ab. Das steht in der Bedienungsanleitung der Spindel.

DEN ALKOHOLGEHALT BERECHNEN

Die Dichtemessung dient nicht nur dazu festzustellen, ob die Gärung abgeschlossen ist. Sie hilft vielmehr auch zu berechnen, wie viel Zucker in Alkohol umgewandelt wurde – wie stark also das Bier letztendlich ist. Dazu misst man die Dichte einmal vor dem Anstellen der Hefe (die Anfangsdichte) und einmal vor dem Abfüllen (die Enddichte). Indem man die Differenz zwischen den beiden Werten mit 105 multipliziert, erhält man den prozentualen Gewichtsanteil des Alkohols. Um den prozentualen Volumenanteil des Alkohols (Vol.-%) zu berechnen, der über den Typ des Biers und eventuelle Steuerpflichten informiert, multipliziert man den Gewichtsanteil einfach mit dem Faktor 1,25. Ein Beispiel:

ANFANGS-DICHTE 1.050	−	END-DICHTE 1.010	=	0.040
0.040	×	105	=	4,2 %
4,2 %	×	1,25	=	5,25 VOL.-%

Nachgärung und Abfüllung

Damit ein Bier beim Servieren genügend Kohlensäure enthält, muss man es manchmal nachgären lassen. Dieser Schritt erfolgt kurz bevor das Bier aus dem Gärbehälter in Fässer oder Flaschen abgefüllt wird.

Untergärige Lager sowie Weizenbiere serviert man am besten mit viel Kohlensäure und einer schönen Schaumkrone. Aber auch obergäriges Ale, das meist wenig schäumt, braucht Kohlendioxid (CO_2), um eine Krone zu bilden und auf der Zunge zu prickeln. Um das zu erreichen, gibt man vor dem Abfüllen eine kleine Menge fermentierbaren Zucker ins Bier.

ZUCKERMENGEN BERECHNEN

Wie viel Zucker Sie benötigen, hängt vom verwendeten Zucker, der Sudmenge und dem gewünschten Gehalt an Kohlensäure ab. Meistens verwendet man Traubenzucker, Rohrzucker und Trockenmalzextrakt. Die Tabelle unten zeigt die für jeden Bierstil benötigte Menge an Kohlendioxid (ausgedrückt als Volumen CO_2 pro Volumen Bier) und die benötigte Zuckermenge, um dieses Verhältnis zu erreichen. Die Werte gehen von einer Lagertemperatur von 20 °C aus.

ZUCKERLÖSUNG

Am besten bereiten Sie eine Lösung vor, indem Sie Zucker oder Malzextraktpulver in etwas kochendem Wasser auflösen. Lassen Sie die Lösung abkühlen und rühren Sie sie dann sanft mit einem sterilen Löffel ins Bier, ohne den Trub aufzuwühlen.

Als Lösung verteilt der Zucker sich gleichmäßiger; außerdem ist diese Methode genauer als eine Zuckerzugabe in jede einzelne Flasche. Das ist nicht unerheblich, da zu viel CO_2 die Flasche explodieren lassen kann.

NACHGÄRUNGSTABELLE

BIERSTIL	CO_2 (Volumenanteil pro Volumenanteil Bier)	TRAUBENZUCKER (Gewichtsanteil in g/l)	ROHRZUCKER (Gewichtsanteil in g/l)	MALZEXTRAKT (trocken, Gewichtsanteil in g/l)
Helles Lager; Bock; Pale Ale; Fruchtbier	2,50	7,4	6,5	8,4
Dunkles Lager; helle und dunkle Hybridbiere	2,40	7,0	6,1	7,9
Dunkles Lager	2,60	7,9	6,9	8,9
IPA; Mild; Kräuter- und Gewürzbier	2,00	5,1	4,5	5,8
Weizen- und Roggenbier, Sour und Lambic	3,75	13,2	11,5	14,9
Bitter	1,50	2,8	2,5	3,2 g
Strong Ale	1,90	4,7	4,1	5,3
Brown Ale	1,75	4,0	3,5	4,5
Barley Wine	1,80	4,2	3,7	4,8
Stout und Porter	2,00	5,1	4,5	5,8

SCHLAUCHEN

Das Umfüllen des Biers von einem Behälter in den anderen nennt man »Abziehen« oder »Schlauchen« – sei es vom Gärbehälter für eine längere Reifung in ein sauberes Gefäß, sei es für die Lagerung in Flaschen oder Fässer.

Besitzt Ihr Gärbehälter einen Ablaufhahn, können Sie ganz einfach einen Schlauch anschließen, diesen in das zweite Gefäß hängen und den Hahn aufdrehen. Hat Ihr Gärbottich keinen Ablaufhahn, hängen Sie alternativ den Schlauch (Bierheber) von oben in den Gärbehälter und saugen das Bier an. Achten Sie dabei darauf, nicht den Hefetrub am Boden des Behälters aufzurühren – die Hefe soll ja nicht mit umgefüllt werden. Manche Bierheber haben einen speziellen Trubfilter, der das verhindert (siehe S. 49).

Möglichst schaumfrei

Arbeiten Sie beim Abziehen so vorsichtig wie möglich und lassen Sie das Bier möglichst nicht spritzen. Durch Spritzen gelangt Sauerstoff ins Bier, der den Geschmack verderben und schädliche Bakterien einbringen kann. Am besten halten Sie das Schlauchende möglichst nahe am Boden des zweiten Behälters und tauchen ihn ins Bier, sobald der Pegel hoch genug steht.

AUF FLASCHEN ZIEHEN ⏰ 1–2 STD.

1 Alle Flaschen mit der Flaschenbürste auswaschen, um eventuell vorhandenes Hefesediment von früheren Füllungen zu entfernen. Anschließend die Flaschen sterilisieren und auswaschen.

2 Ein Ende des Schlauchs an den Abflusshahn des Gärbehälters und das andere an ein Abfüllröhrchen anschließen. Das Röhrchen in eine Flasche stecken, den Hahn öffnen und durch Absenken des Röhrchens das Ventil an dessen Ende öffnen.

3 Einen Kronkorken in den Kronkorkenverschließer einlegen und auf den Hals der ersten befüllten Flasche setzen. Die Hebel mit beiden Händen kräftig herunterdrücken. Den Verschließer abheben und die nächste Flasche verschließen.

Lagern und Servieren

Bevor Sie Ihr Bier genießen können, müssen Sie es einige Zeit in einem geeigneten Behälter lagern lassen, damit es sich klärt und der Geschmack reifen kann. Dazu haben Sie mehrere Möglichkeiten.

DRUCKBEHÄLTER

Diese Behälter bestehen meist aus Kunststoff und können einem Innendruck von bis zu 0,4 bar widerstehen. Wird der Druck zu hoch, öffnet sich ein Sicherheitsventil im Deckel und lässt Gas entweichen, bevor der Behälter explodiert. Die meisten Druckbehälter fassen bis zu 25 Liter Bier. Vor dem Schlauchen (siehe S. 67) gibt man Nachgärlösung ins Bier. Da der Druck sinkt, sobald das Bier zum Trinken abgezapft wird, kann man über ein Ventil weiteres Kohlendioxid hinzufügen.

VORTEILE

- Preiswert
- Leicht zu reinigen und sterilisieren
- Schnell und einfach aus dem Gärbehälter zu befüllen
- Das Bier hält sich viele Monate
- Meist mit einem Zapfhahn ausgestattet; erfordert keine weiteren Utensilien zum Ausschenken

NACHTEILE

- Muss in einem kühlen Raum oder Kühlschrank aufbewahrt werden, um das Bier zu kühlen
- Der CO_2-Gehalt kann schwer aufrechtzuerhalten sein
- Durch den Bodenbereich unterhalb des Zapfhahns entsteht Verlust

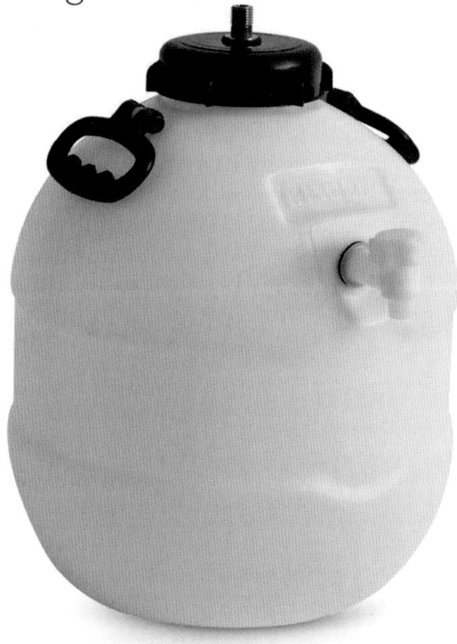

Kunststoff-Druckbehälter

Keg

KEGS UND FÄSSER

Ein Keg ist ein großer Behälter für die Lagerung und den Ausschank unter Druck. Er kann an eine CO_2-Patrone angeschlossen werden. Sehr beliebt sind NC- oder Cornelius-Kegs (siehe links) mit 19 Litern Fassungsvermögen. Sie können einem Druck von bis zu 9,7 bar widerstehen und eignen sich für CO_2-starke Biere.

Die meist von Brauereien genutzten Fässer bestehen aus Kunststoff oder Aluminium. Im Gegensatz zu anderen Behältern lassen sie Sauerstoff ein, was dem Bier zwar authentischen Geschmack verleiht, es aber auch schnell schal werden lässt. Hobbybrauer sollten eine CO_2-Flasche anschließen.

VORTEILE

- Haltbar und leicht zu reinigen, sterilisieren, lagern und kühlen.
- Kohlensäuredruck lässt sich regulieren; perfekt für kohlensäurestarke Biere
- Man braucht keine Nachgärlösung, so entsteht weniger Hefesediment; Reifezeit verkürzt sich
- Das Bier hält sich viele Monate
- Wenig Schankverlust, da das Bier vom Kegboden abgezogen wird

NACHTEILE

- Teuer
- Komplizierte Anwendung
- Muss in einem kühlen Raum oder Kühlschrank aufbewahrt werden, um das Bier zu kühlen

FLASCHEN

Die meisten Hobbybrauer bevorzugen die in verschiedenen Größen erhältlichen Flaschen für die Lagerung ihres Biers, weil sie leicht zu kühlen und zu transportieren sind. Es gibt sie mit einem Kronkorkenverschluss, aber auch mit praktischem Bügelverschluss. Allerdings ist das Reinigen, Sterilisieren und Befüllen zeitaufwändig und der CO_2-Gehalt hoch (gut für Lager- und Weizenbiere, jedoch weniger gut für Ales). Weißglasflaschen sind ungeeignet, da die Hopfenöle bei Sonnenlicht reagieren und Fehltöne erzeugen.

VORTEILE

- Leicht im Kühlschrank zu lagern
- Leicht zu transportieren
- Ideal als Mitbringsel
- Das Bier hält sich über Monate

NACHTEILE

- Zeitaufwändig zu befüllen
- Eher für kohlensäurestarke Biere geeignet

BIER AUS DER FLASCHE EINSCHENKEN 1 MIN.

1 **Das Glas muss sauber sein** und das Bier sollte die richtige Temperatur haben (9–12 °C für Ales, kälter für Lagerbiere). Das Glas in einem Winkel von etwa 45 ° halten und das Bier gleichmäßig und langsam einschenken.

2 **Das Glas langsam aufrichten,** um die Krone aufzubauen. In der Flasche befindet sich vielleicht Hefesediment (Depot), das nicht ins Glas gelangen soll – es sei denn, das Bier soll leicht naturtrüb sein, wie etwa Hefeweizen.

Flaschen etikettieren

Ziehen Sie Ihr Bier auf Flaschen, gibt ihm ein selbst gestaltetes Etikett die ganz persönliche Note. Etikettieren macht nicht nur Spaß – das Bier sieht damit einfach professioneller aus.

Mit dem eigenen Etikett auf der Flasche wissen Sie und Ihre Gäste immer, was Sie gerade trinken. Darüber hinaus können Sie Ihrem Bier auch eine ganz persönliche Identität verleihen – das ist besonders dann ideal, wenn Sie Flaschen verschenken oder Bier für einen besonderen Anlass brauen möchten.

TIPPS FÜR DAS DESIGN

- Wählen Sie eine geeignete Form – beliebt sind runde oder ovale Etiketten.
- Entwerfen Sie ein Hauptmotiv, das Sie am Computer oder von Hand zeichnen; Sie können auch eine Vorlage kopieren.
- Wählen Sie eine Schrifttype für Biername, Stil, Alkoholgehalt, Menge und weitere Informationen über das Bier.
- Sie sind wenig kreativ? Im Internet finden Sie diverse Gestaltungshilfen (siehe S. 213). Die meisten bieten eine Reihe von Entwürfen zur Auswahl, die Sie mit Informationen füllen.
- Drucken Sie die Etiketten auf weißes Kopierpapier – möglichst mit einem Laserdrucker, da Tinte leicht verwischt.

ETIKETTENGALERIE

Einige dieser Etiketten finden Sie im Rezeptteil weiter hinten im Buch wieder. Lassen Sie sich dadurch zu eigenen Entwürfen inspirieren und ergänzen Sie die Designs mit Ihren ganz persönlichen Informationen.

Siehe S. 83

Siehe S. 89

Siehe S. 102

Siehe S. 114

Siehe S. 160

Siehe S. 164

Siehe S. 174

Siehe S. 177

Siehe S. 184

FLASCHEN ETIKETTIEREN

CA. 1 STD. FÜR EINEN GROSSEN SUD

1 **Die Rückseite des Etiketts** mit einem kleinen Mal- oder Backpinsel dünn mit Milch bestreichen. Milch ist ein Klebemittel, das gut hält, sich aber mit heißem Wasser auch schnell wieder ablösen lässt – und nicht riecht!

2 **Die Flasche** in einer Hand halten und das Etikett mit der anderen sorgfältig auflegen. Das Etikett gerade ausrichten und dann fest auf dem Glas glattstreichen. Milchtropfen mit einem trockenen Tuch abwischen.

Bierstile und Rezepte

Rezeptvorschläge

Ganz gleich, ob Sie begeisterter Hopfenliebhaber sind oder schwere, vollmundige Biere bevorzugen – hier finden Sie sicher »Ihr Bier«!

Fruchtige und Spezialbiere

- **Münchner Helles** (siehe S. 85)
- **Festbier** (siehe S. 98)
- **Frühlingsbier** (siehe S. 112)
- **Heidebier** (siehe S. 125)
- **Kirsch-Lambic** (siehe S. 138)
- **Klosterbier** (siehe S. 154)
- **Roggenbier** (siehe S. 188)
- **Koriander-Limetten-Bier** (siehe S. 202)
- **Tannenbier** (siehe S. 203)
- **Honig-Gewürzbier** (siehe S. 204)
- **Ingwerbier** (siehe S. 205)
- **Himbeer-Weizenbier** (siehe S. 206)
- **Erdbeerbier** (siehe S. 208)
- **Kiwi-Weizenbier** (siehe S. 209)
- **Brennnesselbier** (siehe S. 211)

Himbeer-Weizenbier (siehe S. 206)

Kirsch-Lambic (siehe S. 138)

Spritzig-frische Biere

- **Helles Lager** (siehe S. 82)
- **Europäisches Lager** (siehe S. 83)
- **Mexikanische Cerveza** (siehe S. 88)
- **Japanisches Reisbier** (siehe S. 89)
- **Tschechisches Pilsner** (siehe S. 90)
- **Deutsches Pilsner** (siehe S. 93)
- **Amerikanisches Pilsner** (siehe S. 95)
- **Wiener Bier** (siehe S. 96)
- **Heller Bock** (siehe S. 99)
- **Schwarzbier** (siehe S. 107)
- **Holunderbier** (siehe S. 113)
- **East Kent Golding Einzelhopfen** (siehe S. 119)
- **Saazer Einzelhopfen** (siehe S. 120)
- **English IPA** (siehe S. 131)
- **Sommerbier** (siehe S. 142)
- **Weißbier** (siehe S. 185)
- **Amerikanisches Weizenbier** (siehe S. 186)
- **Witbier** (siehe S. 190)
- **Kölsch** (siehe S. 197)
- **Himbeer-Weizenbier** (siehe S. 206)

Witbier (siehe S. 190)

Sommerbier (siehe S. 142)

Wiener Bier (siehe S. 96)

Amarillo Einzelhopfen (siehe S. 116)

Dark American Lager (siehe S. 104)

Bière de Garde (siehe S. 152)

Hopfenstarke Biere

- **Amarillo Einzelhopfen** (siehe S. 116)
- **Nelson Sauvin Einzelhopfen** (siehe S. 118)
- **Cascade Einzelhopfen** (siehe S. 121)
- **60-Minute-IPA** (siehe S. 132)
- **American IPA** (siehe S. 133)
- **Imperial IPA** (siehe S. 134)
- **Black IPA** (siehe S. 136)
- **Amerikanisches Roggenbier** (siehe S. 189)

Schwere und vollmundige Biere

- **Traditionelles Bockbier** (siehe S. 100)
- **Doppelbock** (siehe S. 102)
- **Eisbock** (siehe S. 103)
- **Dark American Lager** (siehe S. 104)
- **Münchner Dunkel** (siehe S. 106)
- **ESB Ale** (siehe S. 115)
- **Saison** (siehe S. 127)
- **Rauchbier** (siehe S. 130)
- **London Bitter** (siehe S. 140)
- **Yorkshire Bitter** (siehe S. 141)
- **Cornish Tin Miner's Ale** (siehe S. 144)

- **Scottish 70 Shilling** (siehe S. 146)
- **Scottish 80 Shilling** (siehe S. 148)
- **Irish Red Ale** (siehe S. 149)
- **Winter Warmer** (siehe S. 150)
- **Christmas Ale** (siehe S. 151)
- **Bière de Garde** (siehe S. 152)
- **Belgisches Dubbel** (siehe S. 156)
- **Belgisches Tripel** (siehe S. 157)
- **Belgisches Strong Golden Ale** (siehe S. 158)
- **Northern Brown Ale** (siehe S. 160)
- **Southern Brown Ale** (siehe S. 161)
- **Old Ale** (siehe S. 162)
- **Mild** (siehe S. 164)
- **Ruby Mild** (siehe S. 165)
- **Englischer Barley Wine** (siehe S. 166)
- **Amerikanischer Barley Wine** (siehe S. 168)
- **Brown Porter** (siehe S. 169)
- **Smoked Porter** (siehe S. 170)
- **American Stout** (siehe S. 177)
- **Milk Stout** (siehe S. 178)
- **Russian Imperial Stout** (siehe S. 180)
- **Vanilla Bourbon Stout** (siehe S. 181)

Old Ale (siehe S. 162)

Scottish 70 Shilling (siehe S. 146)

Zu den Rezepten

Alle Rezepte in diesem Buch nutzen das Maischebrauverfahren, es gibt jedoch auch einige Versionen zum Brauen mit Malzextrakt. Auf diesen Seiten finden Sie Erklärungen zu den Rezeptangaben.

GRUNDDATEN

Anfangsdichte – Dichte der Würze vor der Gärung in Gramm pro Liter (g/l; siehe S. 49 und S. 65).

Erwartete Enddichte – Die Dichte der Würze nach der Gärung (g/l).

Stammwürze – Der aus der Anfangsdichte errechnete Extraktgehalt der Würze vor der Gärung in Prozent (%; siehe unten).

Brauwasser – Die gesamte für das Rezept erforderliche Wassermenge in Liter (l).

REZEPT-INFOS

Ergibt – Die erwartete Menge an Bier (l).

Reifung – Der früheste Zeitpunkt, zu dem das Bier trinkreif ist. Die meisten Stile profitieren von einer längeren Reifung.

Vol.-% ca. – Der geschätzte Alkoholgehalt des fertigen Biers (Vol.-%).

Bittere – Wie bitter das Bier schmeckt (IBU). Je höher die Zahl, desto bitterer ist es (wobei ein höherer Alkoholgehalt die Bittere etwas ausgleicht).

Farbe – Wie hell oder dunkel das Bier ist, gemessen anhand der EBC-Skala (siehe S. 22f.). Je höher die Zahl, desto dunkler das Bier.

MALZEXTRAKT-VERSION

Folgen Sie dieser Anleitung, wenn Sie lieber mit Malzextrakt brauen möchten (siehe S. 56f.). Wir gehen hier von 27 l kochendem Wasser in einem großen Kessel aus. Möchten Sie weniger brauen, kochen Sie nur 10 l Wasser und geben zum Kochbeginn 1 kg Trockenmalzextrakt hinein. Rühren Sie den Rest erst 5 Min. vor Ende des Kochvorgangs hinein.

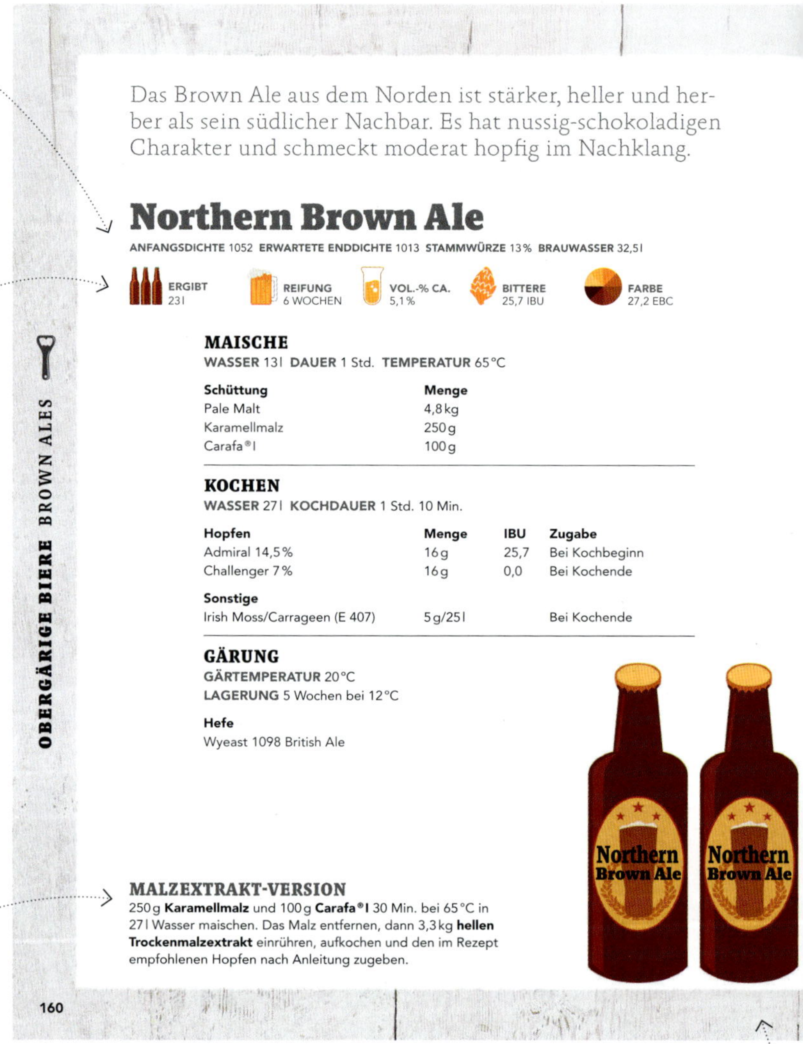

OBERGÄRIGE BIERE BROWN ALES

Das Brown Ale aus dem Norden ist stärker, heller und herber als sein südlicher Nachbar. Es hat nussig-schokoladigen Charakter und schmeckt moderat hopfig im Nachklang.

Northern Brown Ale

ANFANGSDICHTE 1052 ERWARTETE ENDDICHTE 1013 STAMMWÜRZE 13 % BRAUWASSER 32,5 l

ERGIBT 23 l — REIFUNG 6 WOCHEN — VOL.-% CA. 5,1 % — BITTERE 25,7 IBU — FARBE 27,2 EBC

MAISCHE
WASSER 13 l DAUER 1 Std. TEMPERATUR 65 °C

Schüttung	Menge
Pale Malt	4,8 kg
Karamellmalz	250 g
Carafa® I	100 g

KOCHEN
WASSER 27 l KOCHDAUER 1 Std. 10 Min.

Hopfen	Menge	IBU	Zugabe
Admiral 14,5 %	16 g	25,7	Bei Kochbeginn
Challenger 7 %	16 g	0,0	Bei Kochende
Sonstige			
Irish Moss/Carrageen (E 407)	5 g/25 l		Bei Kochende

GÄRUNG
GÄRTEMPERATUR 20 °C
LAGERUNG 5 Wochen bei 12 °C

Hefe
Wyeast 1098 British Ale

MALZEXTRAKT-VERSION
250 g **Karamellmalz** und 100 g **Carafa® I** 30 Min. bei 65 °C in 27 l Wasser maischen. Das Malz entfernen, dann 3,3 kg **hellen Trockenmalzextrakt** einrühren, aufkochen und den im Rezept empfohlenen Hopfen nach Anleitung zugeben.

160

ANMERKUNG ZUR STAMMWÜRZE

Die Stammwürze ist in den Rezepten als Gewichtsanteil in Prozent (%) angegeben. Der Wert ist identisch mit dem ebenfalls üblichen Wert Grad Plato (° P).

UMRECHNUNG

Dichte (g/l) und Extraktgehalt (%) lassen sich leicht ineinander umrechnen:
Extraktgehalt (%) = (Dichte -1000) / 4
Dichte (g/l) = Extraktgehalt × 4 + 1000

GEHT SCHNELL!

Der Kronkorken zeigt auf einen Blick, dass dieses Bier schnell trinkreif ist.

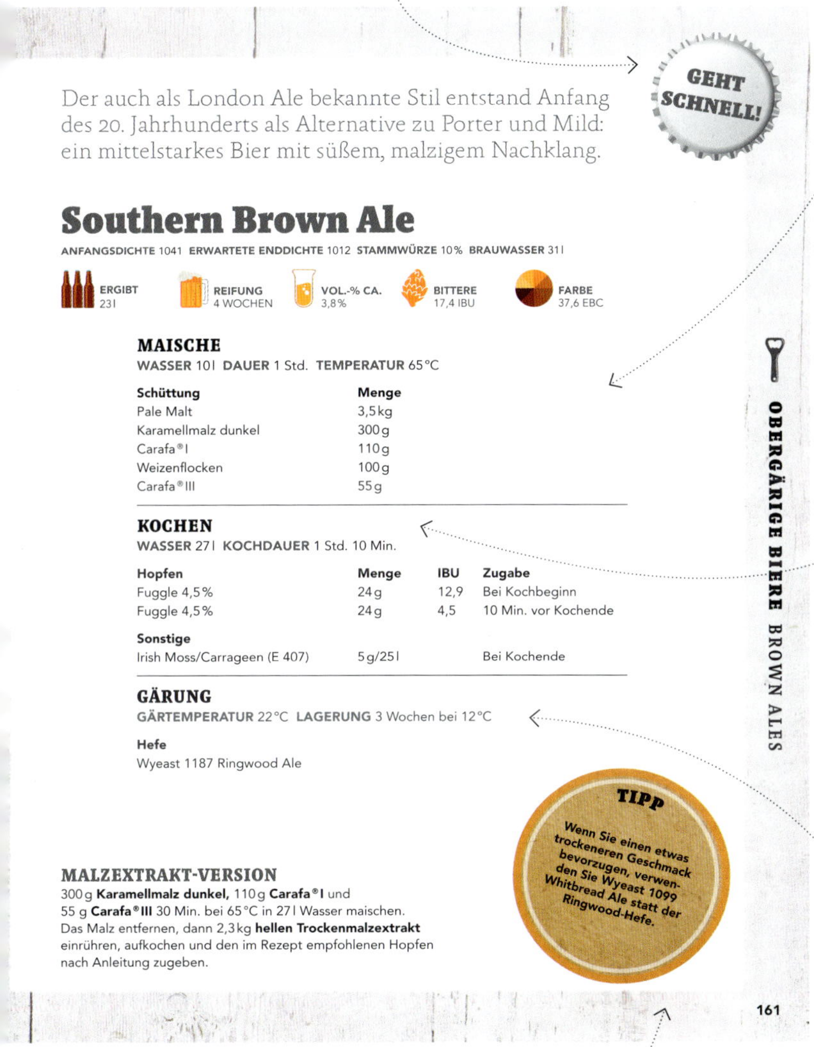

GEHT SCHNELL!

Der auch als London Ale bekannte Stil entstand Anfang des 20. Jahrhunderts als Alternative zu Porter und Mild: ein mittelstarkes Bier mit süßem, malzigem Nachklang.

Southern Brown Ale

ANFANGSDICHTE 1041 ERWARTETE ENDDICHTE 1012 STAMMWÜRZE 10% BRAUWASSER 31 l

ERGIBT 23 l · REIFUNG 4 WOCHEN · VOL.-% CA. 3,8% · BITTERE 17,4 IBU · FARBE 37,6 EBC

MAISCHE

WASSER 10 l DAUER 1 Std. TEMPERATUR 65 °C

Schüttung	Menge
Pale Malt	3,5 kg
Karamellmalz dunkel	300 g
Carafa® I	110 g
Weizenflocken	100 g
Carafa® III	55 g

KOCHEN

WASSER 27 l KOCHDAUER 1 Std. 10 Min.

Hopfen	Menge	IBU	Zugabe
Fuggle 4,5%	24 g	12,9	Bei Kochbeginn
Fuggle 4,5%	24 g	4,5	10 Min. vor Kochende
Sonstige			
Irish Moss/Carrageen (E 407)	5 g/25 l		Bei Kochende

GÄRUNG

GÄRTEMPERATUR 22 °C LAGERUNG 3 Wochen bei 12 °C

Hefe
Wyeast 1187 Ringwood Ale

MALZEXTRAKT-VERSION
300 g **Karamellmalz dunkel,** 110 g **Carafa® I** und 55 g **Carafa® III** 30 Min. bei 65 °C in 27 l Wasser maischen. Das Malz entfernen, dann 2,3 kg **hellen Trockenmalzextrakt** einrühren, aufkochen und den im Rezept empfohlenen Hopfen nach Anleitung zugeben.

TIPP
Wenn Sie einen etwas trockeneren Geschmack bevorzugen, verwenden Sie Wyeast 1099 Whitbread Ale statt der Ringwood-Hefe.

OBERGÄRIGE BIERE BROWN ALES

161

MAISCHE

Wasser – Die für das Einmaischen der Malze benötigte Wassermenge in Liter (l). Die Differenzmenge zum »Brauwasser« (siehe gegenüber) dient dem Läutern.

Dauer – Die Mindestdauer der Maischung in Stunden (Std.); es schadet aber nicht, wenn das Malz länger einweicht.

Temperatur – Die Temperatur in Grad Celsius (°C), bei der die Maische aus Malzschrot und Wasser stehen muss.

Schüttung – Sorte und Menge (g, kg) des geschroteten Malzes für die Maische.

KOCHEN

Wasser – Die vermutlich fürs Kochen benötigte Wassermenge in Liter (l), sobald die Maische abgeläutert ist.

Kochdauer – Die gesamte Kochzeit.

Hopfen – Sorten und Mengen des für das Kochen erforderlichen Hopfens in Gramm (g) und der Zeitpunkt der Zugabe.

Sonstige – Sorten und Mengen der übrigen Zutaten (g, ml) und der jeweilige Zeitpunkt der Zugabe.

GÄRUNG

Gärtemperatur – Die optimale Temperatur für die Gärung, in Grad Celsius (°C).

Lagerung – Die optimale Dauer und Temperatur, bei der das Bier nach Gärung und Abfüllung zur Reifung gelagert werden sollte, in Wochen bzw. Grad Celsius (°C).

Hefe – Der empfohlene Hefestamm. Mehr Informationen zu Hefemengen und Starterkulturen finden Sie auf S. 62f. Weitere Hefen siehe S. 34f.

ETIKETTEN

Nutzen Sie diese Etiketten als Inspiration für Ihre eigenen Gestaltungsentwürfe. Mehr zum Thema Etiketten finden Sie auch auf S. 70f.

TIPP

Der Bierdeckel hält praktische Tipps und Tricks bereit und nennt Varianten, mit denen Sie den Charakter des fertigen Biers verändern können.

Untergärige Biere

Untergärige Biere sind die beliebtesten Biere und werden in aller Welt geschätzt. Die meisten Länder und Regionen haben eigene Versionen dieses Stils.

Die Art der Gärung wird durch die verwendete Hefe bestimmt. Die für Lagerbiere genutzte Hefe (*Saccharomyces pastorianus*) ist untergärig, setzt sich also während der Gärung am Boden des Gärbottichs ab. Im Gegensatz dazu steigen die Hefen für die meisten Ales an die Oberfläche der Würze (siehe S. 108).

KÜHLE TEMPERATUREN

Untergärige Hefe arbeitet am besten bei niedrigen Gärtemperaturen um die 12 °C. Darauf folgt dann eine längere Lagerung, ebenfalls bei niedrigen Temperaturen. Die Bezeichnung »Lagerbier« oder Lager verdankt das Bier tatsächlich seiner Fähigkeit zur langfristigen Lagerung. In dieser Zeit werden viele der während der Gärung entstandenen Geschmacksstoffe abgebaut – es entsteht ein klares (»blankes«), spritziges und neutral schmeckendes Bier. Es besitzt meist wenig oder gar kein Hopfenaroma, aber manchmal einen fein würzigen Geschmack. Man serviert es am besten kalt mit reichlich Kohlensäure.

LAGERBIER SELBST BRAUEN

Für den Heimbrauer sind untergärige Biere am schwierigsten herzustellen. Sie erfordern nicht nur eine präzise Temperatursteuerung bei der Gärung; der reine Charakter wird auch schnell durch geringste unerwünschte Geschmacksnoten getrübt, die sich während der Zubereitung einschleichen. Trotzdem ist es natürlich möglich, großartige Lagerbiere zu brauen, solange man auf korrekte Gärbedingungen, Hefegaben und Sauberkeit achtet. Der kritischste Faktor ist die Temperatur, deshalb kann es sich für ambitionierte Hobbybrauer lohnen, in einen speziellen Braukühlschrank zu investieren.

Helle Lager

Helle Lagerbiere besitzen wenig Alkohol, Kalorien und Malzgeschmack; sie haben einen frischen, trockenen, fast dünnen Nachklang.

Im Glas Sehr hell und strohähnlich in der Farbe.

Gaumen Frisch und trocken, oft mit wenig Geschmack. Manchmal mit trockener, maisartiger Süße.

Aroma Gelegentlich leichtes, würziges Hopfenaroma, sehr oft aber mit wenig oder keinem erkennbaren Aroma.

Alkoholgehalt 2,8–4,2 Vol.-%

EU Europäische Sorten haben wenig Alkohol. Sie haben oft mehr Geschmack als US-amerikanische Sorten, da sie nur mit Malz gebraut werden und weder Mais noch Reis enthalten.

USA US-amerikanische Sorten sind sehr rein, leicht und oft recht geschmacksneutral.

Rezepte siehe S. 82ff.

Pilsner

Das aus dem tschechischen Plzeň (Pilsen) stammende Bier ist hopfiger und hat mehr komplexe Malznoten als andere helle Lager.

Im Glas Hell strohblond bis tief goldgelb mit stabiler cremiger Schaumkrone.

Gaumen Komplexe Malznoten und eine sanfte Bittere, oft mit leicht süßem Nachklang.

Aroma Würzige, florale Aromen, gemischt mit Malzcharakter.

Alkoholgehalt 4,2–6 Vol.-%

CZ Tschechisches Pilsner schmeckt leicht und ist kohlensäurereich.

D Deutsches Pilsner hat eine recht satte Färbung mit komplexen Malznoten und Bittere.

USA US-amerikanische Pilsner sind stark gehopft und durch die Verwendung von Mais auch oft getreidig.

Rezepte siehe S. 90ff.

Dunkle Lager

Röstmalznoten und -aromen dominieren diesen Stil, der traditionell im Frühjahr gebraut wird und den Sommer über in Höhlen reift.

Im Glas Dunkel goldfarben bis tieforange, kristallklar mit einer haltbaren, cremefarbenen Schaumkrone.

Gaumen Tiefe, komplexe Malznoten, ausbalanciert durch viel Hopfenbittere.

Aroma Leichtes Röstmalzaroma mit wenig oder keinem Hopfenduft.

Alkoholgehalt 4,5–5,7 Vol.-%

EU Europäische Sorten sind recht süß mit komplexen Malznoten.

USA US-amerikanische Sorten sind stärker, trockener und deutlich hopfiger.

Rezepte siehe S. 96ff.

Bock- und Schwarzbiere

Bock ist meist dunkel, stark und süß. Schwarzbiere gibt es von tief bernsteinfarben bis pechschwarz.

Im Glas Tiefe, intensive Farbe mit cremefarbener Schaumkrone.

Gaumen Bock ist weich, voll und karamellartig mit wenig Hopfenpräsenz. Schwarzbiere haben oft Röstnoten und einen reinen trockenen, erfrischenden Nachklang.

Aroma Bock hat ein starkes Röstmalzaroma und kaum oder keinen Hopfen. Andere Vertreter haben gerne Schokoladen-, Karamell- oder Nussaromen.

Alkoholgehalt je nach Stil 4,2–14 Vol.-%

D Es gibt diverse Bockbiere, die alle aus Deutschland stammen. Traditioneller Bock ist süß, stark und mild fruchtig. Doppelbock ist dunkel, stark und bitter. Heller Bock ist blasser, weniger malzig und hopfiger.

Rezepte siehe S. 99ff.

Dieses strohblonde, spritzig-frisch schmeckende Lagerbier genießt man am besten eiskalt gezapft. Sein geringer Alkoholgehalt macht es zu einem kalorienarmen Genuss.

Helles Lager

ANFANGSDICHTE 1038 **ENDDICHTE** 1011 **STAMMWÜRZE** 9,5 % **BRAUWASSER** 30,7 l

ERGIBT 23 l **REIFUNG** 5 WOCHEN **VOL.-% CA.** 3,4 % **BITTERE** 9,4 IBU **FARBE** 5,5 EBC

MAISCHE

WASSER 9,3 l **DAUER** 1 Std. **TEMPERATUR** 65 °C

Schüttung	Menge
Lagermalz	2,81 kg
Maisflocken	939 g

KOCHEN

WASSER 27 l **KOCHDAUER** 1 Std. 15 Min.

Hopfen	Menge	IBU	Zugabe
Hallertauer Hersbrucker 3,5 %	20 g	8,5	Bei Kochbeginn
Hallertauer Hersbrucker 3,5 %	10 g	0,8	5 Min. vor Kochende
Sonstige			
Irish Moss/Carrageen (E 407)	5 g/25 l		Bei Kochende

GÄRUNG

GÄRTEMPERATUR 12 °C **LAGERUNG** 4 Wochen bei 3 °C

Hefe

Wyeast 2000 Budvar

TIPP

Verwenden Sie beim untergärigen Brauen am besten destilliertes Wasser, um den korrekten pH-Wert einzuhalten und Fehltöne zu vermeiden.

Ein goldblondes Lager im europäischen Stil: weich und vollmundig, mit einem köstlichen Malzgeschmack und einem spritzig-reinen Nachklang.

Europäisches Lager

ANFANGSDICHTE 1045 **ENDDICHTE** 1015 **STAMMWÜRZE** 11 % **BRAUWASSER** 34 l

ERGIBT 23 l
REIFUNG 5 WOCHEN
VOL.-% CA. 4,6 %
BITTERE 25,6 IBU
FARBE 5,6 EBC

MAISCHE

WASSER 14 l **DAUER** 1 Std. **TEMPERATUR** 65 °C

Schüttung	Menge
Pilsner Malz	3,95 kg
Gerstenflocken	400 g
Carapils®	135 g

KOCHEN

WASSER 27 l **KOCHDAUER** 1 Std. 15 Min.

Hopfen	Menge	IBU	Zugabe
Northern Brewer 8 %	26 g	23,8	Bei Kochbeginn
Hallertauer Hersbrucker 3,5 %	12 g	1,7	10 Min. vor Kochende
Hallertauer Hersbrucker 3,5 %	15 g	0,1	1 Min. vor Kochende
Sonstige			
Irish Moss/Carrageen (E 407)	5 g/25 l		Bei Kochende

GÄRUNG

GÄRTEMPERATUR 12 °C **LAGERUNG** 4 Wochen bei 3 °C

Hefe
White Labs WLP830 German Lager

Ein klassisches Lager im amerikanischen Stil – mit subtilem Hopfenaroma, das durch ein trockenes Hefeprofil und eine sanfte Bittere ausgeglichen wird.

Premium American Lager

ANFANGSDICHTE 1055 **ENDDICHTE** 1014 **STAMMWÜRZE** 14 % **BRAUWASSER** 33 l

ERGIBT 23 l
REIFUNG 5 WOCHEN
VOL.-% CA. 5,5 %
BITTERE 19 IBU
FARBE 7,4 EBC

MAISCHE

WASSER 13 l **DAUER** 1 Std. **TEMPERATUR** 65 °C

Schüttung	Menge
Lagermalz	4.6 kg
Reisflocken	926 g

KOCHEN

WASSER 27 l **KOCHDAUER** 1 Std. 15 Min.

Hopfen	Menge	IBU	Zugabe
Northern Brewer 8 %	22 g	18,8	Bei Kochbeginn
Saazer 4,2 %	11 g	0,2	1 Min. vor Kochende
Sonstige			
Irish Moss/Carrageen (E 407)	5 g/25 l		Bei Kochende

GÄRUNG

GÄRTEMPERATUR 12 °C **LAGERUNG** 4 Wochen bei 3 °C

Hefe
White Labs WLP800 Pilsner Lager

TIPP

Lassen Sie das Bier vor dem Abfüllen in Flaschen mit 130 g Traubenzucker nachgären, um den richtigen Gehalt an Kohlensäure für diesen Stil zu erhalten.

Hier wird der leicht getreidige Malzgeschmack der gerösteten Malze durch die feine Bittere und das Aroma des würzigen Hallertauer Hopfens ausbalanciert.

Münchner Helles

ANFANGSDICHTE 1049 **ENDDICHTE** 1012 **STAMMWÜRZE** 12% **BRAUWASSER** 32 l

ERGIBT 23 l
REIFUNG 5 WOCHEN
VOL.-% CA. 4,9%
BITTERE 17,1 IBU
FARBE 6,3 EBC

MAISCHE

WASSER 12 l **DAUER** 1 Std. **TEMPERATUR** 65 °C

Schüttung	Menge
Pilsner Malz	4,38 kg
Carapils®	200 g
Wiener Malz	175 g

KOCHEN

WASSER 27 l **KOCHDAUER** 1 Std. 15 Min.

Hopfen	Menge	IBU	Zugabe
Hallertauer Mittelfrüher 5%	27 g	14,9	Bei Kochbeginn
Hallertauer Mittelfrüher 5%	20 g	2,2	5 Min. vor Kochende
Sonstige			
Irish Moss/Carrageen (E 407)	5 g/25 l		Bei Kochende

GÄRUNG

GÄRTEMPERATUR 12 °C **LAGERUNG** 4 Wochen bei 3 °C

Hefe
Wyeast 2042 Danish Lager

Dieses Export ist ein goldblondes, leicht malziges Bier mit einem mild-würzigen Hopfenaroma – abgerundet am Gaumen und mit subtiler Süße im Nachklang.

Dortmunder Export

ANFANGSDICHTE 1054 **ENDDICHTE** 1015 **STAMMWÜRZE** 13,5 % **BRAUWASSER** 32,2 l

ERGIBT 23 l **REIFUNG** 5 WOCHEN **VOL.-% CA.** 5,1 % **BITTERE** 27,2 IBU **FARBE** 6 EBC

MAISCHE

WASSER 13,1 l **DAUER** 1 Std. **TEMPERATUR** 65 °C

Schüttung	Menge
Pilsner Malz	5 kg
Münchner Malz	250 g

KOCHEN

WASSER 27 l **KOCHDAUER** 1 Std. 15 Min.

Hopfen	Menge	IBU	Zugabe
Tettnanger 4,5 %	40 g	19,2	Bei Kochbeginn
Hallertauer Hersbrucker 3,5 %	26 g	3,5	10 Min. vor Kochende
Tettnanger 4,5 %	26 g	4,5	10 Min. vor Kochende
Hallertauer Hersbrucker 3,5 %	13 g	0,0	Bei Kochende
Sonstige			
Irish Moss/Carrageen (E 407)	5 g/25 l		Bei Kochende

GÄRUNG

GÄRTEMPERATUR 12 °C **LAGERUNG** 4 Wochen bei 3 °C

Hefe

Wyeast 2124 Bohemian Lager

Dieses leichte, spritzig-frische Bier (span. = »cerveza«) ist der Hit an heißen Sommertagen. Reichen Sie dazu eine Zitronenspalte – so schmeckt Bier in Mexiko!

Mexikanische Cerveza

ANFANGSDICHTE 1046 **ENDDICHTE** 1012 **STAMMWÜRZE** 11,5 % **BRAUWASSER** 31,5 l

ERGIBT 23 l **REIFUNG** 5 WOCHEN **VOL.-% CA.** 4,6 % **BITTERE** 23,5 IBU **FARBE** 5,1 EBC

MAISCHE

WASSER 11,5 l **DAUER** 1 Std. **TEMPERATUR** 65 °C

Schüttung	Menge
Pilsner Malz	3,86 kg
Carapils®	270 g
Maisflocken	450 g

KOCHEN

WASSER 27 l **KOCHDAUER** 1 Std. 15 Min.

Hopfen	Menge	IBU	Zugabe
Northern Brewer 8 %	14 g	12,5	Bei Kochbeginn
Crystal 3,5 %	18 g	7,1	1 Std. vor Kochende
Crystal 3,5 %	28 g	3,9	10 Min. vor Kochende
Sonstige			
Irish Moss/Carrageen (E 407)	5 g/25 l		Bei Kochende

GÄRUNG

GÄRTEMPERATUR 12 °C **LAGERUNG** 4 Wochen bei 3 °C

Hefe

White Labs WLP940 Mexican Lager

MALZEXTRAKT-VERSION

300 g **Carapils®** 30 Min. bei 65 °C in 27 l Wasser maischen. Das Malz entfernen, dann 2,75 kg **hellen Trockenmalzextrakt** einrühren, aufkochen und den im Rezept empfohlenen Hopfen nach Anleitung zugeben.

Dank der Hopfensorten ein extrem spritziges, trockenes und ausgewogenes Lager. Wie der Name bereits erahnen lässt, sind in der Schüttung auch Reisflocken enthalten.

Japanisches Reisbier

ANFANGSDICHTE 1052 **ENDDICHTE** 1013 **STAMMWÜRZE** 13 % **BRAUWASSER** 33 l

ERGIBT 23 l
REIFUNG 5 WOCHEN
VOL.-% CA. 5,3 %
BITTERE 25 IBU
FARBE 7,3 EBC

MAISCHE

WASSER 13 l **DAUER** 1 Std. **TEMPERATUR** 65 °C

Schüttung	Menge
Pilsner Malz	4,7 kg
Reisflocken	500 g

KOCHEN

WASSER 27 l **KOCHDAUER** 1 Std. 15 Min.

Hopfen	Menge	IBU	Zugabe
Sorachi Ace 14,9 %	13 g	21,0	Bei Kochbeginn
Sorachi Ace 14,9 %	5 g	4,0	15 Min. vor Kochende
Saazer 4,2 %	5 g	0,0	Bei Kochende
Sonstige			
Irish Moss/Carrageen (E 407)	5 g/25 l		Bei Kochende

GÄRUNG

GÄRTEMPERATUR 12 °C
LAGERUNG 4 Wochen bei 3 °C

Hefe
Wyeast 2278 Czech Pils

Geschmack und Aroma dieses erfrischenden Bieres sind würzig und blumig zugleich – der Saazer Hopfen ist einfach unverwechselbar!

Tschechisches Pilsner

ANFANGSDICHTE 1048 **ENDDICHTE** 1014 **STAMMWÜRZE** 12 % **BRAUWASSER** 31,6 l

ERGIBT 23 l **REIFUNG** 5 WOCHEN **VOL.-% CA.** 4,4 % **BITTERE** 25 IBU **FARBE** 5 EBC

MAISCHE

WASSER 11,6 l **DAUER** 1 Std. **TEMPERATUR** 65 °C

Schüttung	Menge
Pilsner Malz	4,66 kg

KOCHEN

WASSER 27 l **KOCHDAUER** 1 Std. 15 Min.

Hopfen	Menge	IBU	Zugabe
Saazer 4,2 %	46 g	21,9	Bei Kochbeginn
Saazer 4,2 %	19 g	3,1	10 Min. vor Kochende
Saazer 4,2 %	19 g	0,0	Bei Kochende
Sonstige			
Irish Moss/Carrageen (E 407)	5 g/25 l		Bei Kochende

GÄRUNG

GÄRTEMPERATUR 12 °C **LAGERUNG** 4 Wochen bei 3 °C

Hefe

Wyeast 2001 Urquell Lager

MALZEXTRAKT-VERSION

3 kg **extrahellen Trockenmalzextrakt** in 27 l Wasser auflösen, aufkochen und dann den im Rezept angegebenen Hopfen nach Anleitung zugeben.

Die kräftigen Alkoholnoten dieses Pilsners werden durch die Bittere des Hopfens und den Charakter von Cara- und Biskuitmalz perfekt ausbalanciert.

Imperial Pilsner

ANFANGSDICHTE 1079 **ENDDICHTE** 1022 **STAMMWÜRZE** 19 % **BRAUWASSER** 38 l

ERGIBT 23 l **REIFUNG** 7 WOCHEN **VOL.-% CA.** 7,7 % **BITTERE** 60 IBU **FARBE** 10,2 EBC

MAISCHE

WASSER 19 l **DAUER** 1 Std. **TEMPERATUR** 65 °C

Schüttung	Menge
Pilsner Malz	7,25 kg
Carapils®	290 g
Biskuitmalz	200 g

KOCHEN

WASSER 27 l **KOCHDAUER** 1 Std. 15 Min.

Hopfen	Menge	IBU	Zugabe
Hallertauer Mittelfrüher 5 %	110 g	48,6	Bei Kochbeginn
Hallertauer Mittelfrüher 5 %	73 g	11,4	10 Min. vor Kochende
Hallertauer Mittelfrüher 5 %	110 g	0,0	Bei Kochende
Sonstige			
Irish Moss/Carrageen (E 407)	5 g/25 l		Bei Kochende

GÄRUNG

GÄRTEMPERATUR 12 °C **LAGERUNG** 6 Wochen bei 3 °C

Hefe

Wyeast 2124 Bohemian Lager

TIPP

Möchten Sie einen stärkeren Röstgeschmack und mehr Röstaromen im Bier, erhöhen Sie die Menge des Biskuitmalzes auf bis zu 500 g.

MALZEXTRAKT-VERSION

290 g **Carapils®** und 200 g **Biskuitmalz** 30 Min. bei 65 °C in 27 l Wasser maischen. Das Malz entfernen, dann 4,6 kg **extrahellen Trockenmalzextrakt** einrühren, aufkochen und den im Rezept empfohlenen Hopfen nach Anleitung zugeben.

Ein klares, spritziges Bier mit einiger Hopfenbittere. Diese Geschmackseigenschaften wurden traditionell noch durch den hohen Sulfatgehalt im deutschen Wasser betont.

Deutsches Pilsner

ANFANGSDICHTE 1046 **ENDDICHTE** 1012 **STAMMWÜRZE** 11,5 % **BRAUWASSER** 31,5 l

ERGIBT 23 l | **REIFUNG** 5 WOCHEN | **VOL.-% CA.** 4,5 % | **BITTERE** 30,2 IBU | **FARBE** 5 EBC

MAISCHE

WASSER 11,3 l **DAUER** 1 Std. **TEMPERATUR** 65 °C

Schüttung	Menge
Pilsner Malz	4,55 kg

KOCHEN

WASSER 27 l **KOCHDAUER** 1 Std. 15 Min.

Hopfen	Menge	IBU	Zugabe
Spalter Select 4,5 %	50 g	25,7	Bei Kochbeginn
Spalter Select 4,5 %	25 g	4,5	10 Min. vor Kochende
Spalter Select 4,5 %	17 g	0,0	Bei Kochende
Sonstige			
Irish Moss/Carrageen (E 407)	5 g/25 l		Bei Kochende

GÄRUNG

GÄRTEMPERATUR 12 °C **LAGERUNG** 4 Wochen bei 3 °C

Hefe

Wyeast 2007 Pilsen Lager

MALZEXTRAKT-VERSION

2,75 kg **extrahellen Trockenmalzextrakt** in 27 l Wasser einrühren, aufkochen und den im Rezept empfohlenen Hopfen nach Anleitung zugeben.

Voller malziger Geschmack und angenehm blumig-würziges Aroma dank des Saazer Hopfens – dieses Bier schmeckt einfach unwiderstehlich!

Böhmisches Pilsner

ANFANGSDICHTE 1051 **ENDDICHTE** 1014 **STAMMWÜRZE** 13% **BRAUWASSER** 32 l

ERGIBT 23 l

REIFUNG 4–5 WOCHEN

VOL.-% CA. 4,9%

BITTERE 35,4 IBU

FARBE 6,9 EBC

MAISCHE

WASSER 12,5 l **DAUER** 1 Std. **TEMPERATUR** 65 °C

Schüttung	Menge
Böhmisches Pilsner Malz	5 kg

KOCHEN

WASSER 27 l **KOCHDAUER** 1 Std. 15 Min.

Hopfen	Menge	IBU	Zugabe
Saazer 4,2%	77 g	35,4	Bei Kochbeginn
Saazer 4,2%	38 g	0,0	Bei Kochende
Sonstige			
Irish Moss/Carrageen (E 407)	5 g/25 l		Bei Kochende

GÄRUNG

GÄRTEMPERATUR 12 °C **LAGERUNG** 4 Wochen bei 3 °C

Hefe

Wyeast 2124 Bohemian Lager

TIPP

Noch volleren Malzcharakter erhalten Sie durch das Dekoktionsverfahren (siehe S. 59). Dabei entnimmt man einen Teil der Maische und kocht ihn separat, um den Zucker zu karamellisieren.

Dank der späten Zugabe des amerikanischen Hopfens gesellt sich bei diesem goldblonden Bier ein hopfiges Aroma zur maisgetönten Malzigkeit.

Amerikanisches Pilsner

ANFANGSDICHTE 1048 **ENDDICHTE** 1012 **STAMMWÜRZE** 12 % **BRAUWASSER** 32 l

ERGIBT 23 l | **REIFUNG** 5 WOCHEN | **VOL.-% CA.** 4,8 % | **BITTERE** 23,5 IBU | **FARBE** 6,4 EBC

MAISCHE

WASSER 12 l **DAUER** 1 Std. **TEMPERATUR** 65 °C

Schüttung	Menge
Lagermalz hell	3,5 kg
Maisflocken	1,3 kg

KOCHEN

WASSER 27 l **KOCHDAUER** 1 Std. 15 Min.

Hopfen	Menge	IBU	Zugabe
Cluster 7,5 %	20 g	16,9	Bei Kochbeginn
Liberty 4,5 %	15 g	2,7	10 Min. vor Kochende
Crystal 3,5 %	15 g	2,1	10 Min. vor Kochende
Liberty 4,5 %	10 g	1,0	5 Min. vor Kochende
Crystal 3,5 %	10 g	0,8	5 Min. vor Kochende
Liberty 4,5 %	32 g	0,0	Bei Kochende
Crystal 3,5 %	32 g	0,0	Bei Kochende
Sonstige			
Irish Moss/Carrageen (E 407)	5 g/25 l		Bei Kochende

GÄRUNG

GÄRTEMPERATUR 12 °C **LAGERUNG** 4 Wochen bei 3 °C

Hefe

Wyeast 2035 American Lager

Eine leichte Röstmalznote und der reine Charakter eines untergärigen Biers – seinen unverwechselbaren Geschmack verleiht diesem Lager das beim Darren stark erhitzte Wiener Malz.

Wiener Bier

ANFANGSDICHTE 1050 **ENDDICHTE** 1011 **STAMMWÜRZE** 12,5 % **BRAUWASSER** 32 l

ERGIBT 23 l
REIFUNG 5 WOCHEN
VOL.-% CA. 5,1 %
BITTERE 26,5 IBU
FARBE 19,7 EBC

MAISCHE

WASSER 12 l **DAUER** 1 Std. **TEMPERATUR** 65 °C

Schüttung	Menge
Wiener Malz	4,16 kg
Münchner Malz	670 g
Melanoidinmalz	125 g
Carafa® I/Farbmalz	50 g

KOCHEN

WASSER 27 l **KOCHDAUER** 1 Std. 15 Min.

Hopfen	Menge	IBU	Zugabe
Northern Brewer 8 %	30 g	26,5	Bei Kochbeginn
Hallertauer Hersbrucker 3,5 %	15 g	0,0	Bei Kochende
Tettnanger 4,5 %	15 g	0,0	Bei Kochende
Sonstige			
Irish Moss/Carrageen (E 407)	5 g/25 l		Bei Kochende

GÄRUNG

GÄRTEMPERATUR 12 °C **LAGERUNG** 4 Wochen bei 3 °C

Hefe
White Labs WLP830 German Lager

TIPP
Für einen leicht zitrustönigen Nachklang ersetzen Sie den Tettnanger Hopfen durch die gleiche Menge Liberty-Hopfen.

Früher wurde dieses Bier traditionell im Frühjahr gebraut, den Sommer über in kalten Kellern oder Höhlen gelagert und zum Oktoberfest im Herbst angeschlagen: »O'zapft is!«

Festbier

ANFANGSDICHTE 1057 **ENDDICHTE** 1017 **STAMMWÜRZE** 14% **BRAUWASSER** 32l

ERGIBT 23l **REIFUNG** 5 WOCHEN **VOL.-% CA.** 5,3% **BITTERE** 25,2 IBU **FARBE** 13,6 EBC

MAISCHE

WASSER 12l **DAUER** 1 Std. **TEMPERATUR** 65°C

Schüttung	Menge
Wiener Malz	4kg
Münchner Malz	800g
Carapils®	750g
Karamellmalz	100g

KOCHEN

WASSER 27l **KOCHDAUER** 1 Std. 15 Min.

Hopfen	Menge	IBU	Zugabe
Perle 8%	27g	23,1	Bei Kochbeginn
Hallertauer Mittelfrüher 5%	5g	2,1	30 Min. vor Kochende
Sonstige			
Irish Moss/Carrageen (E 407)	5g/25l		Bei Kochende

GÄRUNG

GÄRTEMPERATUR 12°C **LAGERUNG** 4 Wochen bei 3°C

Hefe

White Labs WLP820 Oktoberfest

TIPP

Dieses Bier profitiert von einer langen Lagerung bei Kellertemperaturen. Lassen Sie es so lange reifen, wie Sie der Versuchung widerstehen können ...

Das jüngste Mitglied der Bockbier-Familie nutzt Hella-Bock-Hefe, die für ein spritziges Finish sorgt und am Gaumen den Geschmack von Malz und Hopfen hinterlässt.

Heller Bock

ANFANGSDICHTE 1072 **ENDDICHTE** 1019 **STAMMWÜRZE** 18 % **BRAUWASSER** 35 l

ERGIBT 23 l · **REIFUNG** 7 WOCHEN · **VOL.-% CA.** 7,1 % · **BITTERE** 32,2 IBU · **FARBE** 17,5 EBC

MAISCHE

WASSER 18 l **DAUER** 1 Std. **TEMPERATUR** 65 °C

Schüttung	Menge
Pilsner Malz	3,75 kg
Münchner Malz	2,47 kg
Belgisches Aromamalz	600 g
Melanoidinmalz	250 g

KOCHEN

WASSER 27 l **KOCHDAUER** 1 Std. 15 Min.

Hopfen	Menge	IBU	Zugabe
Northern Brewer 8 %	40 g	30,2	Bei Kochbeginn
Spalter Select 4,5 %	10 g	2,0	15 Min. vor Kochende
Spalter Select 4,5 %	8 g	0,0	Bei Kochende
Sonstige			
Irish Moss/Carrageen (E 407)	5 g/25 l		Bei Kochende

GÄRUNG

GÄRTEMPERATUR 12 °C **LAGERUNG** 6 Wochen bei 3 °C

Hefe

Wyeast 2487 Hella Bock

TIPP

Wenn Sie keine Hella-Bock-Hefe bekommen, nehmen Sie stattdessen Wyeast 2124 Bohemian Lager.

Das erstmals im 14. Jahrhundert in Einbeck gebraute und später von Münchner Brauern übernommene Bockbier ist ein dunkles, starkes und malziges Bier mit sehr schwachen Hopfennoten und -aromen.

Traditionelles Bockbier

ANFANGSDICHTE 1064 **ENDDICHTE** 1015 **STAMMWÜRZE** 16 % **BRAUWASSER** 35 l

ERGIBT 23 l **REIFUNG** 5 WOCHEN **VOL.-% CA.** 6,5 % **BITTERE** 22,1 IBU **FARBE** 29,1 EBC

MAISCHE

WASSER 19 l **DAUER** 1 Std. **TEMPERATUR** 65 °C

Schüttung	Menge
Pale Malt	2,75 kg
Münchner Malz	2,75 kg
Carapils®	550 g
Special B Malt	350 g

KOCHEN

WASSER 27 l **KOCHDAUER** 1 Std. 15 Min.

Hopfen	Menge	IBU	Zugabe
Northern Brewer 8 %	24 g	18,9	Bei Kochbeginn
Tettnanger 4,5 %	10 g	3,2	30 Min. vor Kochende
Sonstige			
Irish Moss/Carrageen (E 407)	5 g/25 l		Bei Kochende

GÄRUNG

GÄRTEMPERATUR 12 °C **LAGERUNG** 4 Wochen bei 3 °C

Hefe

Wyeast 2206 Bohemian Lager

Doppelbock wurde erstmals vor 200 Jahren von Mönchen gebraut – als »flüssiges Brot« für die Fastenzeit. Es ist stärker und malziger als das traditionelle Bockbier (siehe S. 100).

Doppelbock

ANFANGSDICHTE 1075 **ENDDICHTE** 1021 **STAMMWÜRZE** 19 % **BRAUWASSER** 35 l

ERGIBT 23 l
REIFUNG 7 WOCHEN
VOL.-% CA. 7,3 %
BITTERE 20,4 IBU
FARBE 31,8 EBC

MAISCHE

WASSER 18,9 l **DAUER** 1 Std. **TEMPERATUR** 65 °C

Schüttung	Menge
Pilsner Malz	2,8 kg
Münchner Malz	4,2 kg
Caramünch® II	286 g
Carafa Spezial® II	114 g

KOCHEN

WASSER 27 l **KOCHDAUER** 1 Std. 10 Min.

Hopfen	Menge	IBU	Zugabe
Perle 8 %	20 g	14,4	Bei Kochbeginn
Tettnanger 4,5 %	20 g	6,0	30 Min. vor Kochende
Sonstige			
Irish Moss/Carrageen (E 407)	5 g/25 l		Bei Kochende

GÄRUNG

GÄRTEMPERATUR 12 °C **LAGERUNG** 6 Wochen bei 3 °C

Hefe

Wyeast 2124 Bohemian Lager

Eisbock ist ein intensives und dunkles Bier mit Malzcharakter. Bei seiner Herstellung wird das Bier vereist und das gefrorene Wasser entzogen, wodurch ein hoher Alkoholgehalt erreicht wird.

Eisbock

ANFANGSDICHTE 1113 **ENDDICHTE** 1026 **STAMMWÜRZE** 28 % **BRAUWASSER** 40 l

ERGIBT 23 l · **REIFUNG** 7 WOCHEN · **VOL.-% CA.** 11,8 % · **BITTERE** 30,4 IBU · **FARBE** 40 EBC

MAISCHE

WASSER 27 l **DAUER** 1 Std. **TEMPERATUR** 65 °C

Schüttung	Menge
Pale Malt	4,75 kg
Münchner Malz	5,7 kg
Gerstenflocken	380 g
Carafa® I	100 g
Carafa Spezial® I	95 g

KOCHEN

WASSER 27 l **KOCHDAUER** 1 Std. 15 Min.

Hopfen	Menge	IBU	Zugabe
Northern Brewer 8 %	32 g	17,4	Bei Kochbeginn
Perle 8 %	32 g	13,0	30 Min. vor Kochende
Sonstige			
Irish Moss/Carrageen (E 407)	5 g/25 l		Bei Kochende

GÄRUNG

GÄRTEMPERATUR 12 °C **LAGERUNG** 6 Wochen bei 3 °C

Hefe

Wyeast 2308 Munich Lager

Dieses köstliche Schwarzbier ist leicht mit blumigem Hersbrucker und Perle gehopft. Dadurch entsteht ein weiches Bier mit spritzigem Nachklang.

Dark American Lager

ANFANGSDICHTE 1055 **ENDDICHTE** 1013 **STAMMWÜRZE** 14 % **BRAUWASSER** 33 l

ERGIBT 23 l

REIFUNG 5 WOCHEN

VOL.-% CA. 5,6 %

BITTERE 19,1 IBU

FARBE 31,9 EBC

MAISCHE

WASSER 14 l **DAUER** 1 Std. **TEMPERATUR** 65 °C

Schüttung	Menge
Pilsner Malz	3,54 kg
Münchner Malz	766 g
Maisflocken	709 g
Special B Malt	300 g
Karamellmalz (60 L)	153 g
Carafa Spezial® III	50 g

KOCHEN

WASSER 27 l **KOCHDAUER** 1 Std. 15 Min.

Hopfen	Menge	IBU	Zugabe
Northern Brewer 8 %	22 g	18,9	Bei Kochbeginn
Perle 8 %	6 g	0,2	1 Min. vor Kochende
Hallertauer Hersbrucker 3,5 %	10 g	0,0	Bei Kochende

Sonstige			
Irish Moss/Carrageen (E 407)	5 g/25 l		Bei Kochende

GÄRUNG

GÄRTEMPERATUR 12 °C **LAGERUNG** 4 Wochen bei 3 °C

Hefe

Wyeast 2035 American Lager

Hier verbinden sich Schokoladen- und Karamellnoten perfekt mit der vollmalzigen Süße des Münchner Malzes. So entsteht ein charakterstarkes Bier mit klassisch weichem Nachklang.

Münchner Dunkel

ANFANGSDICHTE 1055 **ENDDICHTE** 1013 **STAMMWÜRZE** 14 % **BRAUWASSER** 33 l

ERGIBT 23 l | **REIFUNG** 5 WOCHEN | **VOL.-% CA.** 5,5 % | **BITTERE** 27,4 IBU | **FARBE** 34,4 EBC

MAISCHE

WASSER 14 l **DAUER** 1 Std. **TEMPERATUR** 65 °C

Schüttung	Menge
Lagermalz	2 kg
Münchner Malz	3 kg
Biskuitmalz	200 g
Weizenfarbmalz	100 g
Carafa Spezial® II	80 g

KOCHEN

WASSER 27 l **KOCHDAUER** 1 Std. 15 Min.

Hopfen	Menge	IBU	Zugabe
Magnum 11 %	23 g	26,9	Bei Kochbeginn
Hallertauer Mittelfrüher 5 %	5 g	0,5	5 Min. vor Kochende
Hallertauer Mittelfrüher 5 %	9 g	0,0	Bei Kochende
Sonstige			
Irish Moss/Carrageen (E 407)	5 g/25 l		Bei Kochende

GÄRUNG

GÄRTEMPERATUR 12 °C **LAGERUNG** 4 Wochen bei 3 °C

Hefe

Fermentis W-34/70

TIPP

Mit einer dreistufigen Dekoktion (siehe S. 59) kann man die Malzigkeit noch verstärken und die Farbe vertiefen.

Schwarz wie ein Stout, aber mit dem erfrischend klaren, leichten Nachklang eines Untergärigen – ein fantastisches Bier, beeindruckend und alles andere als gewöhnlich!

Schwarzbier

ANFANGSDICHTE 1051 **ENDDICHTE** 1012 **STAMMWÜRZE** 13 % **BRAUWASSER** 32 l

ERGIBT 23 l **REIFUNG** 5 WOCHEN **VOL.-% CA.** 5,1 % **BITTERE** 38,4 IBU **FARBE** 57 EBC

MAISCHE

WASSER 13 l **DAUER** 1 Std. **TEMPERATUR** 65 °C

Schüttung	Menge
Pale Malt	4,5 kg
Melanoidinmalz	250 g
Carafa® I	100 g
Carafa Spezial® III	150 g

KOCHEN

WASSER 27 l **KOCHDAUER** 1 Std. 15 Min.

Hopfen	Menge	IBU	Zugabe
Centennial 8,5 %	32 g	28,5	Bei Kochbeginn
Hallertauer Hersbrucker 3,5 %	54 g	9,9	15 Min. vor Kochende
Hallertauer Hersbrucker 3,5 %	46 g	0,0	Bei Kochende
Sonstige			
Irish Moss/Carrageen (E 407)	5 g/25 l		Bei Kochende

GÄRUNG

GÄRTEMPERATUR 14 °C **LAGERUNG** 4 Wochen bei 3 °C

Hefe

Wyeast 2042 Danish Lager

MALZEXTRAKT-VERSION

250 g **Melanoidinmalz**, 100 g **Carafa® I** und 150 g **Carafa Spezial® III** 30 Min. bei 65 °C in 27 l Wasser maischen. Das Malz entfernen, dann 3,3 kg **extrahellen Trockenmalzextrakt** einrühren, aufkochen und den im Rezept empfohlenen Hopfen nach Anleitung zugeben.

Obergärige Biere

Die bei Heimbrauern beliebten obergärigen Ales sind schnell und einfach zubereitet, da sie bei Zimmertemperatur entstehen und nur kurz gelagert werden müssen.

Das Ale ist ein geschmacksstarkes Bier mit langer Geschichte. So diente es im Mittelalter den Menschen als Getränk und Nahrungsmittel zugleich; vor allem trank man wegen des oft mit Krankheitskeimen verseuchten Brunnenwassers lieber alkoholschwaches Leichtbier als pures Wasser.

OBERGÄRIGE HEFE

Moderne Ales werden bei 16–22 °C mit obergärigen Hefen gebraut, die während der Hauptgärung an die Oberfläche der Würze steigen. Unter diesen Bedingungen kann die Hefe reichlich Geschmacksstoffe und Ester bilden, die dem fertigen Bier eine große Vielfalt an komplexen Frucht- und Malznoten verleihen.

HOPFEN UND MALZ

Die meisten fermentierbaren Zucker in der Würze stammen aus hell gedarrtem Gerstenmalz, das mit dunkleren Malzen gemischt wird. Hopfen kommt in den unterschiedlichsten Sorten zur Anwendung und liefert Bittere, Geschmack und Aroma; darüber hinaus konserviert er das Bier und balanciert den Geschmack des Alkohols aus. Angesichts der vielen Malz- und Hopfensorten im Handel (siehe S. 22ff.) sind der Experimentierfreude des Heimbrauers keine Grenzen gesetzt.

Ales werden meist gekühlt, aber nicht eiskalt serviert, um den Geschmack des Hopfens und die Malzaromen voll zur Geltung zu bringen. Die Biere haben meist wenig Kohlensäure und werden häufig eher im Fass oder Keg gelagert als in Flaschen.

Pale Ales

Die mit einem hohen Anteil an hellen Malzen und mit weichem Wasser gebrauten »Pale Ales« besitzten eine weiche, ausgeglichene Bittere.

Im Glas Strohblond bis hellgolden mit kleiner, stabiler Schaumkrone.

Gaumen Weich und cremig mit sanfter Hopfenbittere. Von der Hefe beeinflusster Charakter.

Aroma Leichte Malzigkeit mit einem sortenabhängigen Hopfenaroma – so gibt englischer Hopfen z. B. subtile florale Noten.

Alkoholgehalt 4–6 Vol.-%

(GB) Englische Pale Ales zeigen floralen Charakter und wenig Bittere. Eventuell Butterkaramell im Nachklang.

(B) Belgische Pale Ales sind stark, mit würzigen Noten von der Hefe.

(USA) US-amerikanische Pale Ales sind hopfig, zitrustönig, trocken im Nachklang.

Rezepte siehe S. 112ff.

India Pale Ales (IPA)

Das ursprünglich für lange Seereisen kreierte IPA-Bier hat einen hohen Gehalt an Hopfen und viel Alkohol.

Im Glas Strohblond bis tiefgolden. Klare Erscheinung mit dünner, stabiler Schaumkrone.

Gaumen Starke würzige Alkoholnoten, weiche Bittere, trockener Nachklang.

Aroma Moderat hopfig; häufig auch mit Malz- und Karamellaromen.

Alkoholgehalt 5–7,5 Vol.-%

GB Englische IPAs habe feine florale und würzige Hopfenaromen. Die manchmal deutlich ausgeprägte Bittere wird meist gut durch den Alkoholgehalt ausgeglichen.

USA US-amerikanische IPAs haben aufgrund der verwendeten amerikanischen Hopfensorten intensive Zitrusaromen und -noten. Sie sind stärker als britische IPAs und besitzen mehr Bittere.

Rezepte siehe S. 131ff.

Sour Ales und Lambics

Die Wildhefen geben diesen Ales Säure, die oft durch fruchtige oder würzige Noten ausgeglichen wird.

Im Glas Je nach Stil unterschiedlich, aber häufig fruchtfarben. Meist recht trüb mit cremiger Krone.

Gaumen Je nach Stil unterschiedlich, aber meist süß, sauer oder scharf und insgesamt sehr eigen.

Aroma Starke Fruchtaromen, häufig mit würzigen Noten.

Alkoholgehalt 3,2–7 Vol.-%

B Belgische Sorten sind meist alkoholstark. Die lange Reifezeit führt zu einem vielschichtigen, geschmacksintensiven Bier, ähnlich edlem Rotwein.

D Deutsche Sorten sind sauer, mild fruchtig, perlend mit sehr trockenem Nachklang. Sie haben wenig Alkohol und eine cremige, stabile Krone.

Rezepte siehe S. 137ff.

Bitter

In England ein typisches Arbeiterbier mit wenig Kohlensäure, das mit der Handpumpe gezapft am besten schmeckt.

Im Glas Hellgolden bis tief kupferfarben, mit schöner Klarheit und einer hellen Krone.

Gaumen Eher bitter als süß, aber perfekt ausgewogen. Häufig mit Karamell- oder leichten Fruchtnoten.

Aroma Moderate bis leichte Hopfenaromen mit Malz und gelegentlich Karamellnoten.

Alkoholgehalt 3,2–6 Vol.-%

GB Englische Bitters sind leicht gehopft, recht schwach und haben einen süßlichen Nachklang mit leichten Fruchtnoten. Schottische Bitters werden kälter fermentiert und sind klarer und trockener im Geschmack.

Rezepte siehe S. 140ff.

Strong Ales

Die häufig zu besonderen Anlässen gebrauten Strong Ales sind mit Vorsicht zu genießen. Sie profitieren meist von einer längeren Reifung.

Im Glas Hell kupferfarben bis tiefrot, mit stabiler, cremefarbener Schaumkrone. Manchmal leicht trüb.

Gaumen Variiert je nach Brauart, aber meist würzig und malzig, häufig mit Fruchtnoten aus der Gärung.

Aroma Wenig bis kein Hopfenaroma, eher Malz- und Karamellcharakter.

Alkoholgehalt 6–9 Vol.-%

GB Englische Sorten sind oft mit festlichen Kräutern und Gewürzen aromatisiert und schmecken köstlich vielschichtig. Sie sind stark und tief bernsteinfarben.

B Belgische Sorten werden ganzjährig gebraut, sind hell und besitzen dank der verwendeten Spezialhefen charakteristisch würzige Noten und Aromen.

Rezepte siehe S. 150ff.

Brown Ales

Ein traditionell englischer Bierstil. Brown Ale wird vorwiegend im Norden Englands gebraut, da es sonst kaum noch Nachfrage gibt.

Im Glas Dunkel bernsteinfarben bis rötlich braun, cremefarbene Krone.

Gaumen Nussig, mit Karamell- und Biskuitnoten. Eine mittlere Bittere gleicht die Süße aus.

Aroma Leichtes Hopfenaroma mit deutlichem Malz und Karamell.

Alkoholgehalt 2,8–5,4 Vol.-%

GB Nordenglische Brown Ales sind stark, malzig und nussig, während die aus dem Süden der Insel meist dunkler, süßer und schwächer sind.

Rezepte siehe S. 160ff.

Milds

Ein leichtes, wenig geschmacksintensives Bier für Genuss in größeren Mengen. Es wird seltener, ist aber in Teilen Englands noch beliebt.

Im Glas Tief kupferfarben bis dunkelbraun, mit heller, kurzlebiger Krone.

Gaumen Leicht mit feinen Hopfennoten. Überraschend schmackhaft für den geringen Alkoholgehalt.

Aroma Wenig oder kein Hopfenaroma, mit Karamell-, Biskuit- und Röstaromen.

Alkoholgehalt 2,8–4,5 Vol.-%

GB Traditionell war Mild in den englischen Midlands beliebt, wo Fabrikarbeiter das erfrischende und preiswerte Bier bevorzugten.

Rezepte siehe S. 164f.

Barley Wines

Der besonders alkoholstarke Bierstil verdankt seinen Namen neben dieser Stärke den vielschichtigen Noten, die an Wein erinnern.

Im Glas Tief golden bis dunkel bernsteinfarben. Hinterlässt dank des hohen Alkoholgehalts beim Schwenken sog. »Tränen« an der Glaswand.

Gaumen Süßer, starker Malzgeschmack, dazu Noten von Karamell, Trockenfrüchten, Nüssen und Toffee.

Aroma Etwas Hopfenaroma mit starkem Malz- und Karamellcharakter. Jahrgangsbiere erinnern an Sherry.

Alkoholgehalt 8–12 Vol.-%

GB Englische Sorten sind intensiv, mit komplexen Frucht- und Karamellaromen. Feine Bittere und Hopfennoten balancieren den hohen Alkoholgehalt aus.

USA US-amerikanische Sorten besitzen mehr Hopfenbittere, ausgeglichen von vielschichtigen Malz- und Zitrusnoten.

Rezepte siehe S. 166ff.

Porters

Das im 18. Jahrhundert in London aus dem Brown Ale entwickelte Porter wurde bevorzugt von Lastenträgern (engl. = »porter«) getrunken.

Im Glas Dunkelbraun oder schwarz.

Gaumen Milde Röstnoten, voller Malzgeschmack und manchmal Spuren von Lakritz.

Aroma Röstaromen mit leichtem Schokoladencharakter, Malzigkeit und einer feinen Rauchnote.

Alkoholgehalt 4–7 Vol.-%

EU Das ursprünglich in den Staaten des Baltikums gebraute »Baltic Porter« ist ein starkes Bier mit einem süßen, malzigen Charakter. Es wird auch untergärig gebraut.

Rezepte siehe S. 169ff.

Stouts

Das eng mit dem Porter verwandte Stout hieß zunächst »Stout Porter« und war schlicht eine stärkere Variante – vollmundig und sehr dunkel.

Im Glas Dunkelbraun bis pechschwarz. Wird oft mit Stickstoff versetzt, um eine dicke, cremige braune Krone zu erhalten.

Gaumen Röst- und Bitternoten. Weiches, cremiges Mundgefühl. Geringe bis moderate Hopfenbittere.

Aroma Kaffeeröstaromen, manchmal mit schokoladenartigem Charakter. Wenig bis kein Hopfenaroma.

Alkoholgehalt 4–7 Vol.-%

IE Irish Stout ist der trockene Klassiker mit charakteristisch dicker Krone.

GB London Stout hat die geringste Stammwürze und kann recht süß sein.

USA American Stout besitzt starke Hopfenbittere und -aroma.

Rezepte siehe S. 174ff.

Erfrischende Zitrusnoten und Aromen von Galaxy- und Wai-ti-Hopfen zusammen mit einem ausgeglichen malzigen Nachklang – das Bier für einen Frühlingstag!

Frühlingsbier

ANFANGSDICHTE 1046 **ERWARTETE ENDDICHTE** 1012 **STAMMWÜRZE** 11,5 % **BRAUWASSER** 31,5 l

ERGIBT 23 l **REIFUNG** 5 WOCHEN **VOL.-% CA.** 4,5 % **BITTERE** 34,6 IBU **FARBE** 9,3 EBC

MAISCHE

WASSER 11,25 l **DAUER** 1 Std. **TEMPERATUR** 65 °C

Schüttung	Menge
Pale Malt	4 kg
Münchner Malz	500 g

KOCHEN

WASSER 27 l **KOCHDAUER** 1 Std. 10 Min.

Hopfen	Menge	IBU	Zugabe
Galaxy 14,4 %	30 g	34,6	Bei Kochbeginn
Galaxy 14,4 %	30 g	0,0	Bei Kochende
Wai-ti 4,5 %	30 g	0,0	Bei Kochende
Sonstige			
Irish Moss/Carrageen (E 407)	5 g/25 l		Bei Kochende

GÄRUNG

GÄRTEMPERATUR 18 °C **LAGERUNG** 4 Wochen bei 12 °C

Hefe

Wyeast 1275 Thames Valley Ale

TIPP

Möchten Sie ein besonders fruchtiges Bier, dann stopfen Sie die Würze im Gärbottich 4 Tage lang mit 25 g Wai-ti-Hopfen (siehe S. 63).

Die beim Kochen zugegebenen Holunderblüten verleihen diesem lohfarbenen, malzigen Bier einen unverwechselbar fruchtigen Nachklang – mit einem Hauch von Pfirsich.

Holunderbier

ANFANGSDICHTE 1045 **ERWARTETE ENDDICHTE** 1011 **STAMMWÜRZE** 11 % **BRAUWASSER** 31,5 l

ERGIBT 23 l

REIFUNG 5 WOCHEN

VOL.-% CA. 4,5 %

BITTERE 36,6 IBU

FARBE 13,5 EBC

MAISCHE

WASSER 11,2 l **DAUER** 1 Std. **TEMPERATUR** 65 °C

Schüttung	Menge
Pale Malt	4,3 kg
Karamellmalz hell	100 g
Carafa® I	16 g

KOCHEN

WASSER 27 l **KOCHDAUER** 1 Std. 10 Min.

Hopfen	Menge	IBU	Zugabe
Challenger 7 %	56 g	31,5	Bei Kochbeginn
Holunderblüten, getrocknet	15 g	0,0	15 Min. vor Kochende
Fuggle 4,5 %	28 g	5,1	10 Min. vor Kochende
Challenger 7 %	17 g	0,0	Bei Kochende
Sonstige			
Irish Moss/Carrageen (E 407)	5 g/25 l		Bei Kochende

GÄRUNG

GÄRTEMPERATUR 20 °C **LAGERUNG** 4 Wochen bei 12 °C

Hefe

Wyeast 1275 Thames Valley Ale

MALZEXTRAKT-VERSION

100 g **Karamellmalz hell** und 16 g **Carafa® I** 30 Min. bei 65 °C in 27 l Wasser maischen. Das Malz entfernen, dann 2,75 kg **Trockenmalzextrakt** einrühren, aufkochen und den im Rezept empfohlenen Hopfen sowie die Holunderblüten nach Anleitung zugeben.

Dieses köstliche Bier feiert die Getreideernte im Herbst und kündet vom Wechsel der Jahreszeiten – spritzig-frisch, mit Malznoten und Zitrus im Nachklang.

Erntebier

ANFANGSDICHTE 1041 **ERWARTETE ENDDICHTE** 1010 **STAMMWÜRZE** 10 % **BRAUWASSER** 31,5 l

ERGIBT 23 l · **REIFUNG** 5 WOCHEN · **VOL.-% CA.** 4,2 % · **BITTERE** 41,1 IBU · **FARBE** 11 EBC

MAISCHE

WASSER 10,25 l **DAUER** 1 Std. **TEMPERATUR** 65 °C

Schüttung	Menge
Lagermalz	3,7 kg
Wiener Malz	200 g
Weizenkaramellmalz	200 g

KOCHEN

WASSER 27 l **KOCHDAUER** 1 Std. 10 Min.

Hopfen	Menge	IBU	Zugabe
Magnum 16 %	21 g	39,3	Bei Kochbeginn
Willamette 6,3 %	7 g	1,8	10 Min. vor Kochende
Willamette 6,3 %	20 g	0,0	Bei Kochende
Cascade 6,6 %	20 g	0,0	Bei Kochende
Sonstige			
Irish Moss/Carrageen (E 407)	5 g/25 l		Bei Kochende

GÄRUNG

GÄRTEMPERATUR 18 °C **LAGERUNG** 4 Wochen bei 12 °C

Hefe

White Labs WLP060 American Ale Blend

Das »Extra Special Bitter« (ESB) wird traditionell als Premiumbier gebraut. Stark und malzig mit leicht fruchtigem Karamellnachklang – einfach unwiderstehlich!

ESB Ale

ANFANGSDICHTE 1054 **ERWARTETE ENDDICHTE** 1016 **STAMMWÜRZE** 13,5 % **BRAUWASSER** 32,5 l

ERGIBT 23 l

REIFUNG 5 WOCHEN

VOL.-% CA. 5,1 %

BITTERE 32,5 IBU

FARBE 16,2 EBC

MAISCHE

WASSER 13,5 l **DAUER** 1 Std. **TEMPERATUR** 65 °C

Schüttung	Menge
Pale Malt	5 kg
Karamellmalz	224 g
Weizenflocken	115 g
Carafa® I	17 g

KOCHEN

WASSER 27 l **KOCHDAUER** 1 Std. 10 Min.

Hopfen	Menge	IBU	Zugabe
Challenger 7 %	38 g	28,4	Bei Kochbeginn
East Kent Golding 5,5 %	20 g	4,1	10 Min. vor Kochende
Fuggle 4,5 %	13 g	0,0	Bei Kochende
Sonstige			
Irish Moss/Carrageen (E 407)	5 g/25 l		Bei Kochende

GÄRUNG

GÄRTEMPERATUR 20 °C **LAGERUNG** 4 Wochen bei 12 °C

Hefe

Wyeast 1187 Ringwood Ale

MALZEXTRAKT-VERSION

224 g **Karamellmalz** und 17 g **Carafa® I** 30 Min. bei 65 °C in 27 l Wasser maischen. Das Malz entfernen, dann 3 kg **Trockenmalzextrakt** und 250 g **Weizenmalzextrakt** einrühren, aufkochen und den im Rezept empfohlenen Hopfen nach Anleitung zugeben.

Amarillo – mein persönlicher Favorit – ist eine der kräftigsten Hopfensorten. Intensive Zitrusaromen erfüllen bereits beim Öffnen der Verpackung die Luft.

Amarillo Einzelhopfen

ANFANGSDICHTE 1050 **ERWARTETE ENDDICHTE** 1012 **STAMMWÜRZE** 12,5 % **BRAUWASSER** 32 l

ERGIBT 23 l **REIFUNG** 7 WOCHEN **VOL.-% CA.** 5 % **BITTERE** 40 IBU **FARBE** 10 EBC

MAISCHE

WASSER 12,3 l **DAUER** 1 Std. **TEMPERATUR** 65 °C

Schüttung	Menge
Pale Malt	4,7 kg
Carapils®	235 g

KOCHEN

WASSER 27 l **KOCHDAUER** 1 Std. 10 Min.

Hopfen	Menge	IBU	Zugabe
Amarillo 5 %	54 g	29,9	Bei Kochbeginn
Amarillo 5 %	27 g	7,2	15 Min. vor Kochende
Amarillo 5 %	27 g	2,9	5 Min. vor Kochende
Amarillo 5 %	83 g	0,0	Bei Kochende
Sonstige			
Irish Moss/Carrageen (E 407)	5 g/25 l		Bei Kochende

GÄRUNG

GÄRTEMPERATUR 18 °C **LAGERUNG** 6 Wochen bei 12 °C

Hefe

Wyeast 1056 American Ale

MALZEXTRAKT-VERSION

235 g **Carapils®** 30 Min. bei 65 °C in 27 l Wasser maischen. Das Malz entfernen, dann 3 kg **hellen Trockenmalzextrakt** einrühren, aufkochen und den im Rezept empfohlenen Hopfen nach Anleitung zugeben.

Das köstliche Stachelbeeraroma dieses einzigartigen Hopfens erinnert an die Sauvignon-Blanc-Traube, die dem Hopfen dafür sogar ihren Namen leiht.

Nelson Sauvin Einzelhopfen

ANFANGSDICHTE 1050 **ERWARTETE ENDDICHTE** 1012 **STAMMWÜRZE** 12,5 % **BRAUWASSER** 32 l

ERGIBT 23 l

REIFUNG 7 WOCHEN

VOL.-% CA. 5 %

BITTERE 40 IBU

FARBE 10 EBC

MAISCHE

WASSER 12,3 l **DAUER** 1 Std. **TEMPERATUR** 65 °C

Schüttung	Menge
Pale Malt	4,7 kg
Carapils®	235 g

KOCHEN

WASSER 27 l **KOCHDAUER** 1 Std. 10 Min.

Hopfen	Menge	IBU	Zugabe
Nelson Sauvin 12,5 %	22 g	29,9	Bei Kochbeginn
Nelson Sauvin 12,5 %	11 g	7,2	15 Min. vor Kochende
Nelson Sauvin 12,5 %	11 g	2,9	5 Min. vor Kochende
Nelson Sauvin 12,5 %	33 g	0,0	Bei Kochende
Sonstige			
Irish Moss/Carrageen (E 407)	5 g/25 l		Bei Kochende

GÄRUNG

GÄRTEMPERATUR 18 °C **LAGERUNG** 6 Wochen bei 12 °C

Hefe
Wyeast 1056 American Ale

MALZEXTRAKT-VERSION

235 g **Carapils®** 30 Min. bei 65 °C in 27 l Wasser maischen. Das Malz entfernen, dann 3 kg **hellen Trockenmalzextrakt** einrühren, aufkochen und den im Rezept empfohlenen Hopfen nach Anleitung zugeben.

East Kent Golding – eine unter Brauern beliebte, klassisch englische Hopfensorte. Ihr feines, zugleich florales und würziges Aroma ergibt ein ausgewogenes Bier.

East Kent Golding Einzelhopfen

ANFANGSDICHTE 1050 **ERWARTETE ENDDICHTE** 1012 **STAMMWÜRZE** 12,5 % **BRAUWASSER** 32 l

ERGIBT 23 l | **REIFUNG** 7 WOCHEN | **VOL.-% CA.** 5 % | **BITTERE** 40 IBU | **FARBE** 10 EBC

MAISCHE

WASSER 12,3 l **DAUER** 1 Std. **TEMPERATUR** 65 °C

Schüttung	Menge
Pale Malt	4,7 kg
Carapils®	235 g

KOCHEN

WASSER 27 l **KOCHDAUER** 1 Std. 10 Min.

Hopfen	Menge	IBU	Zugabe
East Kent Golding 5,5 %	49 g	29,9	Bei Kochbeginn
East Kent Golding 5,5 %	24 g	7,2	15 Min. vor Kochende
East Kent Golding 5,5 %	24 g	2,9	5 Min. vor Kochende
East Kent Golding 5,5 %	75 g	0,0	Bei Kochende
Sonstige			
Irish Moss/Carrageen (E 407)	5 g/25 l		Bei Kochende

GÄRUNG

GÄRTEMPERATUR 18 °C **LAGERUNG** 6 Wochen bei 12 °C

Hefe

Wyeast 1056 American Ale

TIPP

Für ein besonders hopfiges Aroma können Sie bei der Gärung 4 Tage lang mit 30 g East Kent Golding stopfen (siehe S. 63).

MALZEXTRAKT-VERSION

235 g **Carapils®** 30 Min. bei 65 °C in 27 l Wasser maischen. Das Malz entfernen, dann 3 kg **hellen Trockenmalzextrakt** einrühren, aufkochen und den im Rezept empfohlenen Hopfen nach Anleitung zugeben.

Ein klassischer Edelhopfen – Saazer ist eine von vier mitteleuropäischen Sorten. Weltberühmt und geschätzt für sein Aroma, verleiht er auch diesem Bier blumig-würzige Noten.

Saazer Einzelhopfen

ANFANGSDICHTE 1050 **ERWARTETE ENDDICHTE** 1012 **STAMMWÜRZE** 12,5 % **BRAUWASSER** 32 l

ERGIBT 23 l **REIFUNG** 7 WOCHEN **VOL.-% CA.** 5 % **BITTERE** 40 IBU **FARBE** 10 EBC

MAISCHE

WASSER 12,3 l **DAUER** 1 Std. **TEMPERATUR** 65 °C

Schüttung	Menge
Pale Malt	4,7 kg
Carapils®	235 g

KOCHEN

WASSER 27 l **KOCHDAUER** 1 Std. 10 Min.

Hopfen	Menge	IBU	Zugabe
Saazer 4,2 %	64 g	29,9	Bei Kochbeginn
Saazer 4,2 %	32 g	7,2	15 Min. vor Kochende
Saazer 4,2 %	32 g	2,9	5 Min. vor Kochende
Saazer 4,2 %	99 g	0,0	Bei Kochende
Sonstige			
Irish Moss/Carrageen (E 407)	5 g/25 l		Bei Kochende

GÄRUNG

GÄRTEMPERATUR 18 °C **LAGERUNG** 6 Wochen bei 12 °C

Hefe

Wyeast 1056 American Ale

MALZEXTRAKT-VERSION

235 g **Carapils®** 30 Min. bei 65 °C in 27 l Wasser maischen. Das Malz entfernen, dann 3 kg **hellen Trockenmalzextrakt** einrühren, aufkochen und den im Rezept empfohlenen Hopfen nach Anleitung zugeben.

Wegen seines blumig-zitronigen Charakters ist Cascade unter Brauern sehr beliebt. Er ist milder als andere zitrustönige Sorten und besitzt auch Grapefruitnoten.

Cascade Einzelhopfen

ANFANGSDICHTE 1050 **ERWARTETE ENDDICHTE** 1012 **STAMMWÜRZE** 12,5% **BRAUWASSER** 32 l

ERGIBT 23 l **REIFUNG** 7 WOCHEN **VOL.-% CA.** 5% **BITTERE** 40 IBU **FARBE** 10 EBC

MAISCHE

WASSER 12,3 l **DAUER** 1 Std. **TEMPERATUR** 65 °C

Schüttung	Menge
Pale Malt	4,7 kg
Carapils®	235 g

KOCHEN

WASSER 27 l **KOCHDAUER** 1 Std. 10 Min.

Hopfen	Menge	IBU	Zugabe
Cascade 6,6%	41 g	29,9	Bei Kochbeginn
Cascade 6,6%	20 g	7,2	15 Min. vor Kochende
Cascade 6,6%	20 g	2,9	5 Min. vor Kochende
Cascade 6,6%	63 g	0,0	Bei Kochende
Sonstige			
Irish Moss/Carrageen (E 407)	5 g/25 l		Bei Kochende

GÄRUNG

GÄRTEMPERATUR 18 °C **LAGERUNG** 6 Wochen bei 12 °C

Hefe

Wyeast 1056 American Ale

MALZEXTRAKT-VERSION

235 g **Carapils®** 30 Min. bei 65 °C in 27 l Wasser maischen. Das Malz entfernen, dann 3 kg **hellen Trockenmalzextrakt** einrühren, aufkochen und den im Rezept empfohlenen Hopfen nach Anleitung zugeben.

Ein goldblondes Ale mit einem köstlich blumigen Aroma. Seine geringe Stammwürze und der niedrige Alkoholgehalt machen es zu einem perfekten Festbier.

Pale Ale

ANFANGSDICHTE 1041 **ERWARTETE ENDDICHTE** 1012 **STAMMWÜRZE** 10 % **BRAUWASSER** 31,5 l

ERGIBT 23 l **REIFUNG** 5 WOCHEN **VOL.-% CA.** 3,8 % **BITTERE** 26 IBU **FARBE** 7,1 EBC

MAISCHE

WASSER 11 l **DAUER** 1 Std. **TEMPERATUR** 65 °C

Schüttung	Menge
Extra Pale Malt	4,3 kg
Karamellmalz hell	95 g

KOCHEN

WASSER 27 l **KOCHDAUER** 1 Std. 10 Min.

Hopfen	Menge	IBU	Zugabe
Challenger 7 %	35 g	26	Bei Kochbeginn
East Kent Golding 5,5 %	23 g	0,0	Bei Kochende
Celeia (Styrian Golding) 4,5 %	16 g	0,0	Bei Kochende
Sonstige			
Irish Moss/Carrageen (E 407)	5 g/25 l		Bei Kochende

GÄRUNG

GÄRTEMPERATUR 18 °C **LAGERUNG** 4 Wochen bei 12 °C

Hefe

White Labs WLP005 British Ale

MALZEXTRAKT-VERSION

95 g **Karamellmalz hell** 30 Min. bei 65 °C in 27 l Wasser maischen. Das Malz entfernen, dann 2,75 kg **extrahellen Trockenmalzextrakt** einrühren, aufkochen und den im Rezept empfohlenen Hopfen nach Anleitung zugeben.

Dieses starke, köstlich erfrischende Bier ist trockenspritzig im Nachklang. Der Honig verleiht ihm weniger Süße als vielmehr einen ganz eigenen Charakter.

Honigbier

ANFANGSDICHTE 1057 **ERWARTETE ENDDICHTE** 1011 **STAMMWÜRZE** 14 % **BRAUWASSER** 34 l

ERGIBT 23 l **REIFUNG** 5 WOCHEN **VOL.-% CA.** 6,2 % **BITTERE** 10 IBU **FARBE** 16,2 EBC

MAISCHE

WASSER 12,5 l **DAUER** 1 Std. **TEMPERATUR** 65 °C

Schüttung	Menge
Pale Malt	4,5 kg
Biskuitmalz	350 g
Karamellmalz	250 g

KOCHEN

WASSER 27 l **KOCHDAUER** 1 Std. 15 Min.

Hopfen	Menge	IBU	Zugabe
Challenger 7 %	12 g	9,6	Bei Kochbeginn
Target 10,5 %	8 g	0,4	1 Min. vor Kochende
Sonstige			
Irish Moss/Carrageen (E 407)	5 g/25 l		Bei Kochende
Honig	500 g		5 Min. vor Kochende

GÄRUNG

GÄRTEMPERATUR 18 °C
LAGERUNG 4 Wochen bei 12 °C

Hefe
Danstar Nottingham Ale B

MALZEXTRAKT-VERSION

350 g **Biskuitmalz** und 250 g **Karamellmalz** 30 Min. bei 65 °C in 27 l Wasser maischen. Das Malz entfernen, dann 2,85 kg **hellen Trockenmalzextrakt** einrühren, aufkochen und den im Rezept empfohlenen Hopfen nach Anleitung zugeben.

Das traditionell als »Fraoch« (gäl. = Heide) bekannte Heidebier wird in Schottland schon seit 2000 v. Chr. gebraut. Es ist goldblond mit krautigem Aroma und leicht würzigem Nachklang.

Heidebier

ANFANGSDICHTE 1051 **ERWARTETE ENDDICHTE** 1014 **STAMMWÜRZE** 13 % **BRAUWASSER** 32,5 l

ERGIBT 23 l | **REIFUNG** 5 WOCHEN | **VOL.-% CA.** 4,9 % | **BITTERE** 25 IBU | **FARBE** 15,9 EBC

MAISCHE

WASSER 12,7 l **DAUER** 1 Std. **TEMPERATUR** 65 °C

Schüttung	Menge
Pale Malt	4,34 kg
Caramalz®	500 g
Weizenkaramellmalz	200 g

KOCHEN

WASSER 27 l **KOCHDAUER** 1 Std. 10 Min.

Hopfen	Menge	IBU	Zugabe
Golding 5,5 %	41 g	25	Bei Kochbeginn
Golding 5,5 %	20 g	0,0	Bei Kochende
Sonstige			
Heidekrautspitzen, frisch	75 g		Bei Kochbeginn
Irish Moss/Carrageen (E 407)	5 g/25 l		Bei Kochende
Heidekrautspitzen, frisch	75 g		Bei Kochende

GÄRUNG

GÄRTEMPERATUR 18 °C **LAGERUNG** 4 Wochen bei 12 °C

Hefe
White Labs WLP028 Edinburgh Ale

MALZEXTRAKT-VERSION

300 g **Caramalz®** und 200 g **Weizenkaramellmalz** 30 Min. bei 65 °C in 27 l Wasser maischen. Das Malz entfernen, dann 2,8 kg **hellen Trockenmalzextrakt** einrühren, aufkochen und den im Rezept empfohlenen Hopfen nach Anleitung zugeben.

TIPP

Um eine bittersüße, harzige Note zu erhalten, geben Sie bei Kochende 20 g Gagelstrauch *(Myrica gale)* ins Bier.

Belgisches Pale Ale ist leichter als seine »Landsleute« Dubbel und Tripel und gut verträglich. Das Malz und die leichten Hopfensorten sorgen für einen ausgewogenen Geschmack.

Belgisches Pale Ale

ANFANGSDICHTE 1051 **ERWARTETE ENDDICHTE** 1013 **STAMMWÜRZE** 13% **BRAUWASSER** 32,5 l

ERGIBT 23 l
REIFUNG 5 WOCHEN
VOL.-% CA. 5,1%
BITTERE 25 IBU
FARBE 16,7 EBC

MAISCHE

WASSER 12,8 l **DAUER** 1 Std. **TEMPERATUR** 65 °C

Schüttung	Menge
Belgisches Pale Malt	4,6 kg
Caramünch® I	500 g

KOCHEN

WASSER 27 l **KOCHDAUER** 1 Std. 10 Min.

Hopfen	Menge	IBU	Zugabe
Golding 5,5%	38 g	22,9	Bei Kochbeginn
Saazer 4,2%	13 g	2,1	10 Min. vor Kochende
Saazer 4,2%	38 g	0,0	Bei Kochende
Sonstige			
Irish Moss/Carrageen (E 407)	5 g/25 l		Bei Kochende

GÄRUNG

GÄRTEMPERATUR 20 °C **LAGERUNG** 4 Wochen bei 12 °C

Hefe
Wyeast 3522 Belgian Ardennes

TIPP

Möchten Sie einen fruchtigeren Geschmack erhalten, verwenden Sie die Hefe Wyeast 3942 Belgian Wheat.

MALZEXTRAKT-VERSION

500 g **Caramünch® I** 30 Min. bei 65 °C in 27 l Wasser maischen. Das Malz entfernen, dann 2,9 kg **hellen Trockenmalzextrakt** einrühren, aufkochen und den im Rezept empfohlenen Hopfen nach Anleitung zugeben.

Saison wurde ursprünglich im französischsprachigen Teil Belgiens als Sommerbier gebraut. Es ist ein erfrischendes, würziges Ale mit kräftigen Zitrusnoten.

Saison

ANFANGSDICHTE 1051 **ERWARTETE ENDDICHTE** 1010 **STAMMWÜRZE** 13 % **BRAUWASSER** 32 l

ERGIBT 23 l · **REIFUNG** 5 WOCHEN · **VOL.-% CA.** 5,6 % · **BITTERE** 16,4 IBU · **FARBE** 17,1 EBC

MAISCHE

WASSER 12,3 l **DAUER** 1 Std. **TEMPERATUR** 65 °C

Schüttung	Menge
Pilsner Malz	3,57 kg
Münchner Malz	890 g
Weizenmalz	180 g
Special B Malt	135 g
Caramünch® II	135 g

KOCHEN

WASSER 27 l **KOCHDAUER** 1 Std. 10 Min.

Hopfen	Menge	IBU	Zugabe
Magnum 11 %	13 g	16,4	Bei Kochbeginn
Celeia (Styrian Golding) 5,5 %	20 g	0,0	Bei Kochende
Sonstige			
Irish Moss/Carrageen (E 407)	5 g/25 l		Bei Kochende
Honig	200 g		5 Min. vor Kochende

GÄRUNG

GÄRTEMPERATUR 24 °C **LAGERUNG** 4 Wochen bei 12 °C

Hefe

Wyeast 3724 Belgian Saison

TIPP

Erhöhen Sie die Gärtemperatur nach 4 Tagen auf 28 °C, damit die Umwandlung von Zucker in Alkohol vollständig erfolgt.

GEHT SCHNELL!

Traditionell wurde es von belgischen Mönchen für den Eigenbedarf gebraut – Patersbier ist einfach herzustellen, leicht und erstaunlich wohlschmeckend.

Patersbier

ANFANGSDICHTE 1046 **ERWARTETE ENDDICHTE** 1010 **STAMMWÜRZE** 11,5 % **BRAUWASSER** 31,5 l

ERGIBT 23 l **REIFUNG** 4 WOCHEN **VOL.-% CA.** 4,7 % **BITTERE** 16,4 IBU **FARBE** 5,7 EBC

MAISCHE

WASSER 11,25 l **DAUER** 1 Std. **TEMPERATUR** 65 °C

Schüttung	Menge
Belgisches Pilsner Malz	4,5 kg

KOCHEN

WASSER 27 l **KOCHDAUER** 1 Std. 10 Min.

Hopfen	Menge	IBU	Zugabe
Saazer 4,2 %	30 g	14,4	Bei Kochbeginn
Hallertauer Mittelfrüher 5 %	10 g	2,0	10 Min. vor Kochende
Sonstige			
Irish Moss/Carrageen (E 407)	5 g/25 l		Bei Kochende

GÄRUNG

GÄRTEMPERATUR 22 °C **LAGERUNG** 3 Wochen bei 12 °C

Hefe

Wyeast 3787 Trappist High Gravity

TIPP

Verwenden Sie statt des Hallertauers einfach einmal ausschließlich Saazer Hopfen. Das verleiht dem Bier ein etwas blumigeres Aroma.

MALZEXTRAKT-VERSION

2,9 kg **hellen Trockenmalzextrakt** in 27 l Wasser einrühren, aufkochen und den im Rezept empfohlenen Hopfen nach Anleitung zugeben.

Hier gesellen sich die Zitrusnoten des amerikanischen Hopfens und der reine Nachklang der Hefe zum leichten Raucharoma des Buchenrauchmalzes.

Rauchbier

ANFANGSDICHTE 1051 **ERWARTETE ENDDICHTE** 1012 **STAMMWÜRZE** 13 % **BRAUWASSER** 32 l

ERGIBT 23 l **REIFUNG** 6 WOCHEN **VOL.-% CA.** 5,1 % **BITTERE** 30,2 IBU **FARBE** 23,6 EBC

MAISCHE

WASSER 12,7 l **DAUER** 1 Std. **TEMPERATUR** 65 °C

Schüttung	Menge
Pale Malt	4 kg
Rauchmalz	700 g
Karamellmalz	300 g
Carafa Spezial® II	70 g

KOCHEN

WASSER 27 l **KOCHDAUER** 1 Std. 10 Min.

Hopfen	Menge	IBU	Zugabe
Chinook 13,3 %	18 g	25,9	Bei Kochbeginn
Willamette 6,3 %	18 g	4,3	15 Min. vor Kochende
Willamette 6,3 %	18 g	0,0	Bei Kochende
Sonstige			
Irish Moss/Carrageen (E 407)	5 g/25 l		Bei Kochende

GÄRUNG

GÄRTEMPERATUR 18 °C **LAGERUNG** 4 Wochen bei 12 °C

Hefe

Wyeast 1056 American Ale

TIPP

Sie möchten bei Ihrem Bier authentischen fassgereiften Charakter erzielen? Dann geben Sie nach 3 Tagen 100 g Eichenspäne in den Gärbottich und lassen Sie sie 1 Woche ziehen.

Das erstmals im 19. Jahrhundert in England für den Export gebraute India Pale Ale (IPA) eignete sich dank seines hohen Alkohol- und Hopfengehalts gut für den Seetransport in die Kolonien.

English IPA

ANFANGSDICHTE 1060 **ERWARTETE ENDDICHTE** 1017 **STAMMWÜRZE** 15% **BRAUWASSER** 33 l

ERGIBT 23 l | **REIFUNG** 5 WOCHEN | **VOL.-% CA.** 5,7% | **BITTERE** 60 IBU | **FARBE** 13 EBC

MAISCHE

WASSER 13,9 l **DAUER** 1 Std. **TEMPERATUR** 65 °C

Schüttung	Menge
Pale Malt	5,8 kg
Karamellmalz	145 g

KOCHEN

WASSER 27 l **KOCHDAUER** 1 Std. 10 Min.

Hopfen	Menge	IBU	Zugabe
Challenger 7%	70 g	50,5	Bei Kochbeginn
Golding 5,5%	35 g	9,5	15 Min. vor Kochende
Golding 5,5%	35 g	0,0	Bei Kochende
Sonstige			
Irish Moss/Carrageen (E 407)	5 g/25 l		Bei Kochende

GÄRUNG

GÄRTEMPERATUR 18 °C **LAGERUNG** 4 Wochen bei 12 °C

Hefe

Wyeast 1187 Ringwood Ale

MALZEXTRAKT-VERSION

145 g **Karamellmalz** 30 Min. bei 65 °C in 27 l Wasser maischen. Das Malz entfernen, dann 3,7 kg **hellen Trockenmalzextrakt** einrühren, aufkochen und den im Rezept empfohlenen Hopfen nach Anleitung zugeben.

TIPP

Erhöhen Sie nach 4 Tagen die Gärtemperatur täglich um 1 °C bis auf 22 °C. Das sorgt für eine vollständige Umwandlung der Zucker in Alkohol.

Mehrfaches Hopfen mit drei verschiedenen Sorten verleiht diesem IPA ein kräftiges, vielschichtiges und dennoch ausgewogenes Aroma – ein Bier für Hopfenfans.

60-Minute-IPA

ANFANGSDICHTE 1055 **ERWARTETE ENDDICHTE** 1013 **STAMMWÜRZE** 14 % **BRAUWASSER** 33 l

ERGIBT 23 l **REIFUNG** 7 WOCHEN **VOL.-% CA.** 5,7 % **BITTERE** 60 IBU **FARBE** 6,5 EBC

MAISCHE

WASSER 14 l **DAUER** 1 Std. **TEMPERATUR** 65 °C

Schüttung	Menge
Pale Malt (hell)	5,5 kg

KOCHEN

WASSER 27 l **KOCHDAUER** 1 Std.

Hopfen	Menge	IBU	Zugabe
Chinook 13,3 %	7 g	8,9	Bei Kochbeginn
Amarillo 5 %	7 g	3,4	Bei Kochbeginn
Chinook 13,3 %	7 g	6,9	30 Min. vor Kochende
Amarillo 5 %	7 g	2,6	30 Min. vor Kochende
Cascade 6,6 %	7 g	3,4	30 Min. vor Kochende

Dann die restliche halbe Std. lang alle 5 Min. je 7 g Chinook, Amarillo und Cascade.

Chinook 13,3 %	10 g	0,0	Bei Kochende
Amarillo 5 %	10 g	0,0	Bei Kochende
Cascade 6,6 %	10 g	0,0	Bei Kochende

Sonstige			
Irish Moss/Carrageen (E 407)	5 g/25 l		Bei Kochende

GÄRUNG

GÄRTEMPERATUR 18 °C **LAGERUNG** 6 Wochen bei 12 °C

Hefe

White Labs WLP001 California Ale

MALZEXTRAKT-VERSION

3,5 kg **extrahellen Trockenmalzextrakt** in 27 l Wasser einrühren, aufkochen und den im Rezept empfohlenen Hopfen nach Anleitung zugeben.

Dieses Bier besitzt alles, was ein klassisches amerikanisches IPA braucht: Hopfenbittere, die vom Alkohol in Zaum gehalten wird, und ein kräftiges Zitrusaroma.

American IPA

ANFANGSDICHTE 1060 **ERWARTETE ENDDICHTE** 1014 **STAMMWÜRZE** 15 % **BRAUWASSER** 34 l

ERGIBT 23 l | **REIFUNG** 7 WOCHEN | **VOL.-% CA.** 6,2 % | **BITTERE** 54,9 IBU | **FARBE** 10,6 EBC

MAISCHE

WASSER 15 l **DAUER** 1 Std. **TEMPERATUR** 65 °C

Schüttung	Menge
Pale Malt	6 kg

KOCHEN

WASSER 27 l **KOCHDAUER** 1 Std. 10 Min.

Hopfen	Menge	IBU	Zugabe
Citra 13,8 %	29 g	40,9	Bei Kochbeginn
Citra 13,8 %	15 g	7,2	10 Min. vor Kochende
Simcoe 13 %	15 g	6,8	10 Min. vor Kochende
Citra 13,8 %	44 g	0,0	Bei Kochende
Simcoe 13 %	44 g	0,0	Bei Kochende
Sonstige			
Irish Moss/Carrageen (E 407)	5 g/25 l		Bei Kochende

GÄRUNG

GÄRTEMPERATUR 18 °C **LAGERUNG** 6 Wochen bei 12 °C

Hefe

White Labs WLP060 American Ale Blend

MALZEXTRAKT-VERSION

3,75 kg **hellen Trockenmalzextrakt** in 27 l Wasser einrühren, aufkochen und den im Rezept empfohlenen Hopfen nach Anleitung zugeben.

Ein starkes Bier, bei dem der hohe Alkoholgehalt durch die Bittere des Hopfens, die süßen Malznoten und das frische Zitrusaroma ausgeglichen wird – verführerisch!

Imperial IPA

ANFANGSDICHTE 1083 **ERWARTETE ENDDICHTE** 1018 **STAMMWÜRZE** 21 % **BRAUWASSER** 36 l

ERGIBT 23 l | **REIFUNG** 13 WOCHEN | **VOL.-% CA.** 8,6 % | **BITTERE** 75 IBU | **FARBE** 24 EBC

MAISCHE

WASSER 21 l **DAUER** 1 Std. **TEMPERATUR** 65 °C

Schüttung	Menge
Pale Malt	8,1 kg
Karamellmalz (60L)	100 g
Carafa® I	80 g

KOCHEN

WASSER 27 l **KOCHDAUER** 1 Std. 10 Min.

Hopfen	Menge	IBU	Zugabe
Chinook 13,3 %	56 g	64,0	Bei Kochbeginn
Simcoe 13 %	28 g	11,0	10 Min. vor Kochende
Simcoe 13 %	50 g	0,0	Bei Kochende
Willamette 6,3 %	50 g	0,0	Bei Kochende
Sonstige			
Irish Moss/Carrageen (E 407)	5 g/25 l		Bei Kochende

GÄRUNG

GÄRTEMPERATUR 20 °C **LAGERUNG** 12 Wochen bei 12 °C

Hefe

White Labs WLP001 California Ale

Hopfen	Menge	IBU	Zugabe
Willamette 6,3 %	50 g	0,0	Nach 4 Tagen stopfen

MALZEXTRAKT-VERSION

100 g **Karamellmalz** (60L) und 80 g **Carafa® I** 30 Min. bei 65 °C in 27 l Wasser maischen. Das Malz entfernen, dann 5,1 kg **hellen Trockenmalzextrakt** einrühren, aufkochen und den im Rezept empfohlenen Hopfen nach Anleitung zugeben.

Welch Widerspruch! Ein Bier, schwarz wie die Nacht, mit einem frischen Zitrusnachklang, den man eher von hellen Ales erwarten würde: verwirrend für die Sinne – entzückend für den Gaumen.

Black IPA

ANFANGSDICHTE 1054 **ERWARTETE ENDDICHTE** 1018 **STAMMWÜRZE** 13,5 % **BRAUWASSER** 33 l

ERGIBT 23 l **REIFUNG** 7 WOCHEN **VOL.-% CA.** 5,1 % **BITTERE** 60 IBU **FARBE** 56 EBC

MAISCHE

WASSER 13,5 l **DAUER** 1 Std. **TEMPERATUR** 65 °C

Schüttung	Menge
Pale Malt	5,5 kg
Carafa Spezial® III	170 g
Carafa® I	225 g

KOCHEN

WASSER 27 l **KOCHDAUER** 1 Std. 10 Min.

Hopfen	Menge	IBU	Zugabe
Apollo 19,5 %	30 g	44,0	Bei Kochbeginn
Citra 13,8 %	30 g	16,0	10 Min. vor Kochende
Amarillo 5 %	45 g	0,0	Bei Kochende
Citra 13,8 %	45 g	0,0	Bei Kochende
Sonstige			
Irish Moss/Carrageen (E 407)	5 g/25 l		Bei Kochende

GÄRUNG

GÄRTEMPERATUR 18 °C **LAGERUNG** 6 Wochen bei 12 °C

Hefe

Wyeast 1187 Ringwood Ale

Hopfen	Menge	IBU	Zugabe
Citra 13,8 %	45 g	0,0	Nach 4 Tagen stopfen

MALZEXTRAKT-VERSION

170 g **Carafa Spezial® III** und 225 g **Carafa® I** 30 Min. bei 65 °C in 27 l Wasser maischen. Das Malz entfernen, dann 3,15 kg **Trockenmalzextrakt** einrühren, aufkochen und den im Rezept empfohlenen Hopfen nach Anleitung zugeben.

Dieses vielschichtige, sauer-fruchtige Bier braucht eine lange Reifung, um seinen Geschmack voll zu entwickeln: Kellern Sie es mindestens ein Jahr lang ein.

Flandrisches Rotbier

ANFANGSDICHTE 1056 **ERWARTETE ENDDICHTE** 1010 **STAMMWÜRZE** 14 % **BRAUWASSER** 33 l

ERGIBT 23 l | **REIFUNG** MIND. 1 JAHR | **VOL.-% CA.** 6,2 % | **BITTERE** 20,7 IBU | **FARBE** 29 EBC

MAISCHE

WASSER 14 l **DAUER** 1 Std. **TEMPERATUR** 65 °C

Schüttung	Menge
Wiener Malz	3,2 kg
Pale Malt	1,6 kg
Weizenmalz	250 g
Special B Malt	300 g
Caramünch® III	300 g

KOCHEN

WASSER 27 l **KOCHDAUER** 1 Std. 10 Min.

Hopfen	Menge	IBU	Zugabe
East Kent Golding 5,5 %	36 g	20,7	Bei Kochbeginn
Sonstige			
Irish Moss/Carrageen (E 407)	5 g/25 l		Bei Kochende

GÄRUNG

GÄRTEMPERATUR Mind. 4 Wochen bei 22 °C
LAGERUNG Mind. 6 Monate bei 22 °C

Hefe
Wyeast 3763 Roeselare Ale Blend

TIPP

Noch fruchtiger: Geben Sie nach 3 Monaten frische Früchte, z. B. Kirschen oder Himbeeren, in den Reifungsbehälter.

Lambic ist eine traditionelle belgische Bierspezialität. Der saure Geschmack kommt überwiegend von wilden Hefen, die nach der ersten Gärung zugefügt werden.

Kirsch-Lambic

ANFANGSDICHTE 1060 **ERWARTETE ENDDICHTE** 1005 **STAMMWÜRZE** 15 % **BRAUWASSER** 34 l

ERGIBT 23 l **REIFUNG** 10 WOCHEN **VOL.-% CA.** 7,3 % **BITTERE** 14 IBU **FARBE** 10 EBC

MAISCHE

WASSER 17,5 l **DAUER** 1 Std. **TEMPERATUR** 65 °C

Schüttung	Menge
Pale Malt	4,5 kg
Weizenmalz	1,5 kg

KOCHEN

WASSER 27 l **KOCHDAUER** 1 Std. 10 Min.

Hopfen	Menge	IBU	Zugabe
Challenger 13,3 %	30 g	14,0	Bei Kochbeginn
Sonstige			
Irish Moss/Carrageen (E 407)	5 g/25 l		Bei Kochende

GÄRUNG

GÄRTEMPERATUR 2 Wochen bei 22 °C, dann zweite Hefe anstellen und weitere 4 Wochen gären lassen **LAGERUNG** 4 Wochen bei 12 °C

Hefe

DCL WB-06, zusammen mit 6 kg Schattenmorellen

Nach 2 Wochen Wyeast 5335 Lactobacillus, Wyeast 5526 Brettanomyces lambicus und Wyeast 5733 Pediococcus anstellen und weitere 4 Wochen gären lassen.

TIPP

Verwenden Sie für dieses Bier einen eigenen Gärbottich, da die wilden Hefen zukünftige Ansätze infizieren könnten.

MALZEXTRAKT-VERSION

2 kg **hellen Trockenmalzextrakt** und 1,7 kg **Weizenmalzextrakt** in 27 l Wasser einrühren, aufkochen und den im Rezept empfohlenen Hopfen nach Anleitung zugeben

Dieses klassisch englische Bitter stellt eine perfekte Balance zwischen Malz und Hopfen her. Die London-Ale-Hefe sorgt für einen köstlich süßen, leicht fruchtigen Nachklang.

London Bitter

ANFANGSDICHTE 1044 **ERWARTETE ENDDICHTE** 1012 **STAMMWÜRZE** 11 % **BRAUWASSER** 32 l

ERGIBT 23 l

REIFUNG 5 WOCHEN

VOL.-% CA. 4,3 %

BITTERE 22,1 IBU

FARBE 17 EBC

MAISCHE

WASSER 11 l **DAUER** 1 Std. **TEMPERATUR** 65 °C

Schüttung	**Menge**
Pale Malt	4 kg
Karamellmalz	396 g

KOCHEN

WASSER 27 l **KOCHDAUER** 1 Std. 10 Min.

Hopfen	**Menge**	**IBU**	**Zugabe**
Challenger 7 %	25 g	20,3	Bei Kochbeginn
Fuggle 4,5 %	10 g	1,8	10 Min. vor Kochende
Golding 5,5 %	6 g	0,0	Bei Kochende
Sonstige			
Irish Moss/Carrageen (E 407)	5 g/25 l		Bei Kochende

GÄRUNG

GÄRTEMPERATUR 18 °C **LAGERUNG** 4 Wochen bei 12 °C

Hefe

Wyeast 1318 London Ale III

TIPP

Möchten Sie lieber ein etwas weniger süßes Bier, verwenden Sie nur 200 g Karamellmalz und geben dafür noch 30 g Carafa® I zu.

MALZEXTRAKT-VERSION

396 g **Karamellmalz** 30 Min. bei 65 °C in 27 l Wasser maischen. Das Malz entfernen, dann 2,5 kg **Trockenmalzextrakt** einrühren, aufkochen und den im Rezept empfohlenen Hopfen nach Anleitung zugeben.

Ein dunkles, vollmundiges Bier mit feiner Schokoladennote, die sich zu prägnanter Bittere entwickelt. Unverkennbar: die feinporige, cremig-weiße Schaumkrone.

Yorkshire Bitter

ANFANGSDICHTE 1041 **ERWARTETE ENDDICHTE** 1012 **STAMMWÜRZE** 10 % **BRAUWASSER** 31,5 l

ERGIBT 23 l **REIFUNG** 5 WOCHEN **VOL.-% CA.** 3,8 % **BITTERE** 31 IBU **FARBE** 18 EBC

MAISCHE

WASSER 10,5 l **DAUER** 1 Std. **TEMPERATUR** 65 °C

Schüttung	Menge
Pale Malt	3,5 kg
Karamellmalz	200 g
Weizenflocken	350 g
Carafa® I	42 g

KOCHEN

WASSER 27 l **KOCHDAUER** 1 Std. 10 Min.

Hopfen	Menge	IBU	Zugabe
Challenger 7 %	29 g	24,3	Bei Kochbeginn
First Gold 8 %	20 g	6,7	10 Min. vor Kochende
First Gold 8 %	12 g	0,0	Bei Kochende
Sonstige			
Irish Moss/Carrageen (E 407)	5 g/25 l		Bei Kochende

GÄRUNG

GÄRTEMPERATUR 20 °C **LAGERUNG** 4 Wochen bei 12 °C

Hefe
Wyeast 1469 West Yorkshire Ale

MALZEXTRAKT-VERSION

200 g **Karamellmalz** und 42 g **Carafa® I** 30 Min. bei 65 °C in 27 l Wasser maischen. Das Malz entfernen, dann 2 kg **Trockenmalzextrakt** und 450 g **Weizenmalzextrakt** einrühren, aufkochen und den im Rezept empfohlenen Hopfen nach Anleitung zugeben.

TIPP

Für authentischen Genuss sorgt ein Fass mit Handpumpe und einem »Sparkler«, der das Bier belüftet und für die cremige Krone sorgt.

Ein köstlich leichtes Bier – ideal für laue Sommernächte! Trotz seiner geringen Stammwürze ist es geschmacksintensiv und besitzt einen wunderbaren Hopfennachklang.

Sommerbier

ANFANGSDICHTE 1038 **ERWARTETE ENDDICHTE** 1012 **STAMMWÜRZE** 9,5 % **BRAUWASSER** 31 l

ERGIBT 23 l **REIFUNG** 5 WOCHEN **VOL.-% CA.** 3,8 % **BITTERE** 29,3 IBU **FARBE** 13 EBC

MAISCHE

WASSER 9,5 l **DAUER** 1 Std. **TEMPERATUR** 65 °C

Schüttung	Menge
Pale Malt	3,4 kg
Karamellmalz	300 g

KOCHEN

WASSER 27 l **KOCHDAUER** 1 Std. 10 Min.

Hopfen	Menge	IBU	Zugabe
East Kent Golding 5,5 %	20 g	9,4	Bei Kochbeginn
Progress 5,5 %	15 g	7,0	Bei Kochbeginn
East Kent Golding 5,5 %	15 g	7,5	30 Min. vor Kochende
Progress 5,5 %	10 g	5,0	30 Min. vor Kochende
East Kent Golding 5,5 %	15 g	0,4	1 Min. vor Kochende
Sonstige			
Irish Moss/Carrageen (E 407)	5 g/25 l		Bei Kochende

GÄRUNG

GÄRTEMPERATUR 20 °C **LAGERUNG** 4 Wochen bei 12 °C

Hefe

Wyeast 1098 British Ale

TIPP

Lagern Sie dieses hopfige Bier besser im Fass als in Flaschen. Servieren Sie es mit wenig Schaum – für den leichten Genuss!

MALZEXTRAKT-VERSION

300 g **Karamellmalz** 30 Min. bei 65 °C in 27 l Wasser maischen. Das Malz entfernen, dann 2,2 kg **Trockenmalzextrakt** einrühren, aufkochen und den im Rezept empfohlenen Hopfen nach Anleitung zugeben.

Ein starkes malziges Gebräu, mit Biskuittönen und einem Hauch schwarzer Johannisbeeren – genau das richtige Bier nach einem langen Arbeitstag.

Cornish Tin Miner's Ale

ANFANGSDICHTE 1058 **ERWARTETE ENDDICHTE** 1019 **STAMMWÜRZE** 14,5 % **BRAUWASSER** 33 l

ERGIBT 23 l **REIFUNG** 9 WOCHEN **VOL.-% CA.** 5,2 % **BITTERE** 41,3 IBU **FARBE** 19 EBC

MAISCHE

WASSER 14,5 l **DAUER** 1 Std. **TEMPERATUR** 65 °C

Schüttung	Menge
Pale Malt	4,9 kg
Caramünch®	380 g
Biskuitmalz	250 g
Karamellmalz	185 g

KOCHEN

WASSER 27 l **KOCHDAUER** 1 Std. 10 Min.

Hopfen	Menge	IBU	Zugabe
First Gold 8 %	46 g	38,0	Bei Kochbeginn
Bramling Cross 6 %	15 g	3,3	10 Min. vor Kochende
Bramling Cross 6 %	15 g	0,0	Bei Kochende
Sonstige			
Irish Moss/Carrageen (E 407)	5 g/25 l		Bei Kochende

GÄRUNG

GÄRTEMPERATUR 20 °C **LAGERUNG** 8 Wochen bei 12 °C

Hefe

White Labs WLP002 English Ale

TIPP

Möchten Sie eine trockenere Version dieses Biers brauen, verwenden Sie die Hefe White Labs WLP007 Dry English Ale.

MALZEXTRAKT-VERSION

300 g **Caramünch®**, 250 g **Biskuitmalz** und 185 g **Karamellmalz** 30 Min. bei 65 °C in 27 l Wasser maischen. Das Malz entfernen, dann 3,15 kg **extrahellen Trockenmalzextrakt** einrühren, aufkochen und den im Rezept empfohlenen Hopfen nach Anleitung zugeben.

Ein traditionelles, ausgesprochen leichtes schottisches Feierabendbier – malzig-trocken im Charakter und mit einem spritzig-klaren Nachklang.

Scottish 60 Shilling

ANFANGSDICHTE 1035 **ERWARTETE ENDDICHTE** 1010 **STAMMWÜRZE** 9 % **BRAUWASSER** 30,5 l

ERGIBT 23 l **REIFUNG** 7 WOCHEN **VOL.-% CA.** 3,3 % **BITTERE** 11,6 IBU **FARBE** 18 EBC

MAISCHE

WASSER 8,6 l **DAUER** 1 Std. **TEMPERATUR** 70 °C

Schüttung	Menge
Pale Malt	3 kg
Münchner Malz	175 g
Karamellmalz	130 g
Melanoidinmalz	100 g
Carafa® I	50 g

KOCHEN

WASSER 27 l **KOCHDAUER** 1 Std. 10 Min.

Hopfen	Menge	IBU	Zugabe
Fuggle 4,5 %	21 g	11,6	Bei Kochbeginn
Sonstige			
Irish Moss/Carrageen (E 407)	5 g/25 l		Bei Kochende

GÄRUNG

GÄRTEMPERATUR 18 °C
LAGERUNG 6 Wochen bei 12 °C

Hefe
Wyeast 1728 Scottish Ale

Das auch als »Heavy« bekannte Scottish 70 Shilling ist ein Bier mit mittlerer Stammwürze, dominanten Malznoten und schwachem Hopfenaroma.

Scottish 70 Shilling

ANFANGSDICHTE 1041 **ERWARTETE ENDDICHTE** 1012 **STAMMWÜRZE** 10% **BRAUWASSER** 32,5 l

ERGIBT 23 l **REIFUNG** 5 WOCHEN **VOL.-% CA.** 3,9% **BITTERE** 15 IBU **FARBE** 28,2 EBC

MAISCHE

WASSER 13 l **DAUER** 1 Std. **TEMPERATUR** 70 °C

Schüttung	Menge
Pale Malt	3,5 kg
Caramünch® II	450 g
Carafa® I	130 g

KOCHEN

WASSER 27 l **KOCHDAUER** 1 Std. 15 Min.

Hopfen	Menge	IBU	Zugabe
Golding 5,5%	23 g	15,0	Bei Kochbeginn
Sonstige			
Irish Moss/Carrageen (E 407)	5 g/25 l		Bei Kochende

GÄRUNG

GÄRTEMPERATUR 18 °C **LAGERUNG** 4 Wochen bei 12 °C

Hefe

Wyeast 1728 Scottish Ale

MALZEXTRAKT-VERSION

450 g **Caramünch® II** und 130 g **Carafa® I** 30 Min. bei 65 °C in 27 l Wasser maischen. Das Malz entfernen, dann 2,55 kg **hellen Trockenmalzextrakt** einrühren, aufkochen und den im Rezept empfohlenen Hopfen nach Anleitung zugeben.

Wie viele andere schottische Biere auch, ist das Scottish 80 Shilling sehr malzig. Es hat zwar kein Hopfenaroma, dafür aber einen schönen neutralen Nachklang.

Scottish 80 Shilling

ANFANGSDICHTE 1052 **ERWARTETE ENDDICHTE** 1015 **STAMMWÜRZE** 13 % **BRAUWASSER** 32,5 l

ERGIBT 23 l **REIFUNG** 7 WOCHEN **VOL.-% CA.** 4,9 % **BITTERE** 16,5 IBU **FARBE** 29,2 EBC

MAISCHE

WASSER 13 l **DAUER** 1 Std. **TEMPERATUR** 70 °C

Schüttung	Menge
Pale Malt	4,6 kg
Caramünch® II	300 g
Karamellmalz	200 g
Carafa® III	80 g

KOCHEN

WASSER 27 l **KOCHDAUER** 1 Std. 10 Min.

Hopfen	Menge	IBU	Zugabe
Golding 5,5 %	27 g	16,5	Bei Kochbeginn
Sonstige			
Irish Moss/Carrageen (E 407)	5 g/25 l		Bei Kochende

GÄRUNG

GÄRTEMPERATUR 18 °C **LAGERUNG** 6 Wochen bei 12 °C

Hefe

Wyeast 1728 Scottish Ale

MALZEXTRAKT-VERSION

300 g **Caramünch® II**, 200 g **Karamellmalz** und 80 g **Carafa® III** 30 Min. bei 65 °C in 27 l Wasser maischen. Das Malz entfernen, dann 2,9 kg **hellen Trockenmalzextrakt** einrühren, aufkochen und den im Rezept empfohlenen Hopfen nach Anleitung zugeben.

Das eng mit dem London Bitter verwandte Irish Red Ale ist erfrischend und leicht gehopft, mit malzigem Geschmack, klarem Nachklang und typischer Rotfärbung.

Irish Red Ale

ANFANGSDICHTE 1051 **ERWARTETE ENDDICHTE** 1013 **STAMMWÜRZE** 13 % **BRAUWASSER** 32,5 l

ERGIBT 23 l | **REIFUNG** 7 WOCHEN | **VOL.-% CA.** 5,0 % | **BITTERE** 24,5 IBU | **FARBE** 23 EBC

MAISCHE

WASSER 12,8 l **DAUER** 1 Std. **TEMPERATUR** 65 °C

Schüttung	Menge
Pale Malt	4,6 kg
Karamellmalz	200 g
Gerstenflocken	300 g
Röstgerste	50 g

KOCHEN

WASSER 27 l **KOCHDAUER** 1 Std. 10 Min.

Hopfen	Menge	IBU	Zugabe
Fuggle 4,5 %	50 g	24,5	Bei Kochbeginn
Challenger 7 %	33 g	0,0	Bei Kochende
Sonstige			
Irish Moss/Carrageen (E 407)	5 g/25 l		Bei Kochende

GÄRUNG

GÄRTEMPERATUR 20 °C
LAGERUNG 6 Wochen bei 12 °C

Hefe
Wyeast 1084 Irish Ale

Dieses Winterbier wird traditionell im Herbst gebraut, um die Fülle an Malzen aus der Getreideernte zu nutzen. Mit Gewürzen versetzt ein Hochgenuss in der Adventszeit.

Winter Warmer

ANFANGSDICHTE 1062 **ERWARTETE ENDDICHTE** 1015 **STAMMWÜRZE** 15,5% **BRAUWASSER** 32,5 l

ERGIBT 23 l

REIFUNG 8 WOCHEN

VOL.-% CA. 6,2%

BITTERE 19,6 IBU

FARBE 27,2 EBC

MAISCHE

WASSER 13,75 l **DAUER** 1 Std. **TEMPERATUR** 65 °C

Schüttung	Menge
Pale Malt	5,1 kg
Karamellmalz	200 g
Weizenflocken	100 g
Carafa® I	100 g

KOCHEN

WASSER 27 l **KOCHDAUER** 1 Std. 10 Min.

Hopfen	Menge	IBU	Zugabe
East Kent Golding 5,5%	30 g	17,5	Bei Kochbeginn
Progress 5,5%	10 g	2,1	10 Min. vor Kochende
Target 10,5%	10 g	0,0	Bei Kochende

Sonstige	Menge		Zugabe
Irish Moss/Carrageen (E 407)	5 g/25 l		Bei Kochende
Honig	500 g		5 Min. vor Kochende

GÄRUNG

GÄRTEMPERATUR 20 °C **LAGERUNG** 6 Wochen bei 12 °C

Hefe

Wyeast 1968 London ESB Ale

TIPP

Lassen Sie nach 4 Tagen 1 TL Zimt und 1 TL geriebenen Ingwer 15 Min. lang in 50 ml Wodka ziehen und geben Sie die Mischung 1 Woche vor dem Abfüllen in den Gärbottich.

MALZEXTRAKT-VERSION

200 g **Karamellmalz** und 100 g **Carafa® I** 30 Min. bei 65 °C in 27 l Wasser maischen. Das Malz entfernen, dann 3,3 kg **hellen Trockenmalzextrakt** einrühren, aufkochen und den im Rezept empfohlenen Hopfen nach Anleitung zugeben.

Das Bier zum Fest: stark, dunkel und malzig – mit einem Hauch weihnachtlicher Gewürze. Es sollte vor dem Verzehr drei Monate reifen dürfen. Frohe Weihnachten!

Christmas Ale

ANFANGSDICHTE 1063 **ERWARTETE ENDDICHTE** 1012 **STAMMWÜRZE** 16 % **BRAUWASSER** 32,5 l

ERGIBT 23 l
REIFUNG 12 WOCHEN
VOL.-% CA. 6,8 %
BITTERE 19,1 IBU
FARBE 30,7 EBC

MAISCHE

WASSER 14 l **DAUER** 1 Std. **TEMPERATUR** 67 °C

Schüttung	Menge
Pale Malt	4,4 kg
Biskuitmalz	500 g
Caramünch® I	350 g
Karamellmalz	300 g
Weizenflocken	100 g
Carafa Spezial® I	100 g

KOCHEN

WASSER 27 l **KOCHDAUER** 1 Std. 10 Min.

Hopfen	Menge	IBU	Zugabe
Challenger 7 %	18 g	13,2	Bei Kochbeginn
Celeia (Styrian Golding) 4,5 %	26 g	5,9	15 Min. vor Kochende
Celeia (Styrian Golding) 4,5 %	26 g	0,0	Bei Kochende
Sonstige			
Irish Moss/Carrageen (E 407)	5 g/25 l		Bei Kochende
Sternanis	10 g		10 Min. vor Kochende
Zimtstangen	2 Stck.		10 Min. vor Kochende
Muskatpulver	1 TL		10 Min. vor Kochende
Kandiszucker hell	500 g		5 Min. vor Kochende

GÄRUNG

GÄRTEMPERATUR 22 °C **LAGERUNG** 8 Wochen bei 12 °C

Hefe

Wyeast 1028 London Ale

Dieses »haltbare Bier« aus Nordfrankreich wurde von Landwirten traditionell im zeitigen Frühjahr gebraut und bis zum Sommer eingelagert. Es besitzt eine wunderbar malzige Süße.

Bière de Garde

ANFANGSDICHTE 1065 **ERWARTETE ENDDICHTE** 1014 **STAMMWÜRZE** 16 % **BRAUWASSER** 32 l

ERGIBT 23 l **REIFUNG** 7 WOCHEN **VOL.-% CA.** 7 % **BITTERE** 25 IBU **FARBE** 17,7 EBC

MAISCHE

WASSER 18,4 l **DAUER** 1 Std. **TEMPERATUR** 65 °C

Schüttung	Menge
Pale Malt	4 kg
Wiener Malz	1,5 kg
Aromamalz	500 g
Biskuitmalz	500 g

KOCHEN

WASSER 27 l **KOCHDAUER** 1 Std. 10 Min.

Hopfen	Menge	IBU	Zugabe
Brewers Gold 7 %	33 g	22,9	Bei Kochbeginn
Tettnanger 4,5 %	25 g	2,1	5 Min. vor Kochende
Tettnanger 4,5 %	25 g	0,0	Bei Kochende
Sonstige			
Irish Moss/Carrageen (E 407)	5 g/25 l		Bei Kochende

GÄRUNG

GÄRTEMPERATUR 22 °C **LAGERUNG** 6 Wochen bei 12 °C

Hefe

Wyeast 3711 French Saison

Früher entwickelte jedes belgische Kloster sein eigenes, qualitativ hochwertiges Bier. Dieser Vertreter schmeckt vielschichtig und malzig, mit würzigen Alkoholnoten.

Klosterbier

ANFANGSDICHTE 1060 **ERWARTETE ENDDICHTE** 1013 **STAMMWÜRZE** 15% **BRAUWASSER** 33l

ERGIBT 23l **REIFUNG** 7 WOCHEN **VOL.-% CA.** 6,4% **BITTERE** 19,8 IBU **FARBE** 12,1 EBC

MAISCHE

WASSER 15l **DAUER** 1 Std. **TEMPERATUR** 65°C

Schüttung	Menge
Belgisches Pilsner Malz	4,5kg
Wiener Malz	1kg
Biskuitmalz	500g

KOCHEN

WASSER 27l **KOCHDAUER** 1 Std. 15 Min.

Hopfen	Menge	IBU	Zugabe
Perle 8%	21g	17,5	Bei Kochbeginn
Celeia (Styrian Golding) 5,5%	21g	2,3	5 Min. vor Kochende
Sonstige			
Irish Moss/Carrageen (E 407)	5g/25l		Bei Kochende

GÄRUNG

GÄRTEMPERATUR 22°C

LAGERUNG 6 Wochen bei 12°C

Hefe

Wyeast 1214 Belgian Abbey

Bei diesem starken strohblonden Ale aus Belgien wird die malzige Süße durch ein würziges, leicht hopfiges Aroma und einen trockenen kandistönigen Nachklang ausgeglichen.

Belgisches Blonde Ale

ANFANGSDICHTE 1070 **ERWARTETE ENDDICHTE** 1015 **STAMMWÜRZE** 17,5 % **BRAUWASSER** 33,5 l

ERGIBT 23 l | **REIFUNG** 8 WOCHEN | **VOL.-% CA.** 7,4 % | **BITTERE** 18 IBU | **FARBE** 12,9 EBC

MAISCHE

WASSER 16,25 l **DAUER** 1 Std. **TEMPERATUR** 65 °C

Schüttung	Menge
Pilsner Malz	6 kg
Wiener Malz	250 g
Caramünch® I	250 g

KOCHEN

WASSER 27 l **KOCHDAUER** 1 Std. 10 Min.

Hopfen	Menge	IBU	Zugabe
East Kent Golding 5,5 %	30 g	16,1	Bei Kochbeginn
Celeia (Styrian Golding) 5,5 %	10 g	1,9	10 Min. vor Kochende
Celeia (Styrian Golding) 5,5 %	20 g	0,0	Bei Kochende
Sonstige			
Irish Moss/Carrageen (E 407)	5 g/25 l		Bei Kochende
Kandiszucker hell	300 g		5 Min. vor Kochende

GÄRUNG

GÄRTEMPERATUR 22 °C **LAGERUNG** 6 Wochen bei 12 °C

Hefe

Wyeast 1388 Belgian Strong Ale

MALZEXTRAKT-VERSION

250 g **Wiener Malz** und 250 g **Caramünch® I** 30 Min. bei 65 °C in 27 l Wasser maischen. Das Malz entfernen, dann 3,8 kg **extrahellen Trockenmalzextrakt** einrühren, aufkochen und den im Rezept empfohlenen Hopfen nach Anleitung zugeben.

Komplexe Malzsüße in Verbindung mit moderat fruchtigem Aroma machen diesen Klassiker aus Belgien zum Genuss – stark, tiefrot und angenehm würzig im Geschmack.

Belgisches Dubbel

ANFANGSDICHTE 1066 **ERWARTETE ENDDICHTE** 1014 **STAMMWÜRZE** 16,5 % **BRAUWASSER** 33 l

ERGIBT 23 l **REIFUNG** 8 WOCHEN **VOL.-% CA.** 6,9 % **BITTERE** 20,2 IBU **FARBE** 29,2 EBC

MAISCHE

WASSER 15 l **DAUER** 1 Std. **TEMPERATUR** 65 °C

Schüttung	Menge
Belgisches Pilsner Malz	5,3 kg
Special B Malt	400 g
Caramünch® I	300 g

KOCHEN

WASSER 27 l **KOCHDAUER** 1 Std. 10 Min.

Hopfen	Menge	IBU	Zugabe
Hallertauer Hersbrucker 3,5 %	35 g	12,7	Bei Kochbeginn
Tettnanger 4,5 %	35 g	7,5	15 Min. vor Kochende
Sonstige			
Irish Moss/Carrageen (E 407)	5 g/25 l		Bei Kochende
Kandiszucker hell	400 g		5 Min. vor Kochende

GÄRUNG

GÄRTEMPERATUR 22 °C **LAGERUNG** 7 Wochen bei 12 °C

Hefe

Wyeast 3944 Belgian Witbier

MALZEXTRAKT-VERSION

400 g **Special B Malt** und 300 g **Caramünch® I** 30 Min. bei 65 °C in 27 l Wasser maischen. Das Malz entfernen, dann 3,4 kg **extrahellen Trockenmalzextrakt** einrühren, aufkochen und den im Rezept empfohlenen Hopfen nach Anleitung zugeben.

Die Malznoten sind weniger komplex als die des Dubbel, dafür hat das Tripel einen frisch-sauren Nachklang. Verführerisch: Den hohen Alkoholgehalt schmeckt man nicht.

Belgisches Tripel

ANFANGSDICHTE 1080 **ERWARTETE ENDDICHTE** 1013 **STAMMWÜRZE** 20% **BRAUWASSER** 33,5 l

ERGIBT 23 l **REIFUNG** 12 WOCHEN **VOL.-% CA.** 9,1% **BITTERE** 30,3 IBU **FARBE** 11,4 EBC

MAISCHE

WASSER 16,3 l **DAUER** 1 Std. **TEMPERATUR** 65 °C

Schüttung	Menge
Belgisches Pilsner Malz	6,3 kg
Caramünch® I	250 g

KOCHEN

WASSER 27 l **KOCHDAUER** 1 Std. 10 Min.

Hopfen	Menge	IBU	Zugabe
Saazer 4,2%	50 g	18,6	Bei Kochbeginn
Celeia (Styrian Golding) 5,5%	50 g	11,7	15 Min. vor Kochende
Sonstige			
Irish Moss/Carrageen (E 407)	5 g/25 l		Bei Kochende
Kandiszucker hell	1 kg		5 Min. vor Kochende

GÄRUNG

GÄRTEMPERATUR 24 °C **LAGERUNG** 11 Wochen bei 12 °C

Hefe

Wyeast 1388 Belgian Strong Ale

MALZEXTRAKT-VERSION

250 g **Caramünch® I** 30 Min. bei 65 °C in 27 l Wasser maischen. Das Malz entfernen, dann 4 kg **extrahellen Trockenmalzextrakt** einrühren, aufkochen und den im Rezept empfohlenen Hopfen und die übrigen Zutaten nach Anleitung zugeben.

Das zum Ende des Ersten Weltkriegs von der belgischen Moortgat-Brauerei entwickelte Bier ähnelt dem Tripel, ist aber heller, weniger malzig und leicht bitter im Nachklang.

Belgisches Strong Golden Ale

ANFANGSDICHTE 1072 **ERWARTETE ENDDICHTE** 1012 **STAMMWÜRZE** 18% **BRAUWASSER** 33 l

ERGIBT 23 l **REIFUNG** 8 WOCHEN **VOL.-% CA.** 7,9% **BITTERE** 30,3 IBU **FARBE** 10 EBC

MAISCHE

WASSER 15 l **DAUER** 1 Std. **TEMPERATUR** 65 °C

Schüttung	Menge
Belgisches Pilsner Malz	5,6 kg
Carapils®	450 g
Aromamalz	300 g

KOCHEN

WASSER 27 l **KOCHDAUER** 1 Std. 10 Min.

Hopfen	Menge	IBU	Zugabe
Saazer 4,2%	47 g	18,6	Bei Kochbeginn
Tettnanger 4,5%	58 g	11,7	15 Min. vor Kochende
Sonstige			
Irish Moss/Carrageen (E 407)	5 g/25 l		Bei Kochende
Kandiszucker hell	750 g		5 Min. vor Kochende

GÄRUNG

GÄRTEMPERATUR 24 °C **LAGERUNG** 7 Wochen bei 12 °C

Hefe

Wyeast 1762 Belgian Abbey II

MALZEXTRAKT-VERSION

450 g **Carapils®** 30 Min. bei 65 °C in 27 l Wasser maischen. Das Malz entfernen, dann 3,6 kg **extrahellen Trockenmalzextrakt** einrühren, aufkochen und den im Rezept empfohlenen Hopfen nach Anleitung zugeben.

Das Brown Ale aus dem Norden ist stärker, heller und herber als sein südlicher Nachbar. Es hat nussig-schokoladigen Charakter und schmeckt moderat hopfig im Nachklang.

Northern Brown Ale

ANFANGSDICHTE 1052 **ERWARTETE ENDDICHTE** 1013 **STAMMWÜRZE** 13 % **BRAUWASSER** 32,5 l

ERGIBT 23 l **REIFUNG** 6 WOCHEN **VOL.-% CA.** 5,1 % **BITTERE** 25,7 IBU **FARBE** 27,2 EBC

MAISCHE

WASSER 13 l **DAUER** 1 Std. **TEMPERATUR** 65 °C

Schüttung	Menge
Pale Malt	4,8 kg
Karamellmalz	250 g
Carafa® I	100 g

KOCHEN

WASSER 27 l **KOCHDAUER** 1 Std. 10 Min.

Hopfen	Menge	IBU	Zugabe
Admiral 14,5 %	16 g	25,7	Bei Kochbeginn
Challenger 7 %	16 g	0,0	Bei Kochende
Sonstige			
Irish Moss/Carrageen (E 407)	5 g/25 l		Bei Kochende

GÄRUNG

GÄRTEMPERATUR 20 °C
LAGERUNG 5 Wochen bei 12 °C

Hefe
Wyeast 1098 British Ale

MALZEXTRAKT-VERSION

250 g **Karamellmalz** und 100 g **Carafa® I** 30 Min. bei 65 °C in 27 l Wasser maischen. Das Malz entfernen, dann 3,3 kg **hellen Trockenmalzextrakt** einrühren, aufkochen und den im Rezept empfohlenen Hopfen nach Anleitung zugeben.

Der auch als London Ale bekannte Stil entstand Anfang des 20. Jahrhunderts als Alternative zu Porter und Mild: ein mittelstarkes Bier mit süßem, malzigem Nachklang.

GEHT SCHNELL!

Southern Brown Ale

ANFANGSDICHTE 1041 **ERWARTETE ENDDICHTE** 1012 **STAMMWÜRZE** 10% **BRAUWASSER** 31 l

ERGIBT 23 l

REIFUNG 4 WOCHEN

VOL.-% CA. 3,8%

BITTERE 17,4 IBU

FARBE 37,6 EBC

MAISCHE

WASSER 10 l **DAUER** 1 Std. **TEMPERATUR** 65 °C

Schüttung	Menge
Pale Malt	3,5 kg
Karamellmalz dunkel	300 g
Carafa® I	110 g
Weizenflocken	100 g
Carafa® III	55 g

KOCHEN

WASSER 27 l **KOCHDAUER** 1 Std. 10 Min.

Hopfen	Menge	IBU	Zugabe
Fuggle 4,5%	24 g	12,9	Bei Kochbeginn
Fuggle 4,5%	24 g	4,5	10 Min. vor Kochende
Sonstige			
Irish Moss/Carrageen (E 407)	5 g/25 l		Bei Kochende

GÄRUNG

GÄRTEMPERATUR 22 °C **LAGERUNG** 3 Wochen bei 12 °C

Hefe

Wyeast 1187 Ringwood Ale

MALZEXTRAKT-VERSION

300 g **Karamellmalz dunkel,** 110 g **Carafa® I** und 55 g **Carafa® III** 30 Min. bei 65 °C in 27 l Wasser maischen. Das Malz entfernen, dann 2,3 kg **hellen Trockenmalzextrakt** einrühren, aufkochen und den im Rezept empfohlenen Hopfen nach Anleitung zugeben.

TIPP

Wenn Sie einen etwas trockeneren Geschmack bevorzugen, verwenden Sie Wyeast 1099 Whitbread Ale statt der Ringwood-Hefe.

Dunkel und stark – dieses Spezialbier mit fruchtigen, fast schon sherryartigen Noten muss lange reifen, um seinen Charakter voll zu entwickeln.

Old Ale

ANFANGSDICHTE 1079 **ERWARTETE ENDDICHTE** 1014 **STAMMWÜRZE** 20 % **BRAUWASSER** 34 l

ERGIBT 23 l
REIFUNG 12 WOCHEN
VOL.-% CA. 8,7 %
BITTERE 55 IBU
FARBE 32,6 EBC

MAISCHE

WASSER 16,75 l **DAUER** 1 Std. **TEMPERATUR** 68 °C

Schüttung	Menge
Pale Malt	4,5 kg
Münchner Malz	1,8 kg
Karamellmalz dunkel	300 g
Carafa® I	100 g

KOCHEN

WASSER 27 l **KOCHDAUER** 1 Std. 10 Min.

Hopfen	Menge	IBU	Zugabe
Golding 5,5 %	76 g	40,5	Bei Kochbeginn
Golding 5,5 %	76 g	14,5	10 Min. vor Kochende
Sonstige			
Irish Moss/Carrageen (E 407)	5 g/25 l		Bei Kochende
Traubenzucker (Dextrose)	650 g		5 Min. vor Kochende

GÄRUNG

GÄRTEMPERATUR 20 °C **LAGERUNG** 11 Wochen bei 12 °C

Hefe
Wyeast 1028 London Ale

TIPP

Um eine festliche Note zu erhalten, geben Sie weihnachtliche Gewürze wie Zimt, Muskat oder Gewürznelken in den Gärbottich.

Dieses dunkle Ale ist ein typisch britisches Mild: mit moderatem Alkoholgehalt, fruchtig-schokoladigen Malznoten und einem hopfentrockenen Nachklang.

Mild

ANFANGSDICHTE 1036 **ERWARTETE ENDDICHTE** 1011 **STAMMWÜRZE** 9% **BRAUWASSER** 30 l

ERGIBT 23 l **REIFUNG** 4 WOCHEN **VOL.-% CA.** 3,3% **BITTERE** 21,2 IBU **FARBE** 33,5 EBC

MAISCHE

WASSER 9 l **DAUER** 1 Std. **TEMPERATUR** 68 °C

Schüttung	Menge
Mild Ale Malt	3 kg
Karamellmalz dunkel	500 g
Carafa® I	100 g

KOCHEN

WASSER 27 l **KOCHDAUER** 1 Std. 10 Min.

Hopfen	Menge	IBU	Zugabe
Northdown 8%	20 g	19,7	Bei Kochbeginn
Bramling Cross 6%	10 g	1,5	5 Min. vor Kochende
Sonstige			
Irish Moss/Carrageen (E 407)	5 g/25 l		Bei Kochende

GÄRUNG

GÄRTEMPERATUR 20 °C
LAGERUNG 3 Wochen bei 12 °C

Hefe
Wyeast 1318 London Ale III

MALZEXTRAKT-VERSION

500 g **Karamellmalz dunkel** und 100 g **Carafa® I** 30 Min. bei 65 °C in 27 l Wasser maischen. Das Malz entfernen, dann 1,9 kg **hellen Trockenmalzextrakt** einrühren, aufkochen und den im Rezept empfohlenen Hopfen nach Anleitung zugeben.

Ein dunkles, starkes Ale mit köstlichem Malz- und Schokoladengeschmack und einer leichten Hopfenbittere. Das perfekte Bier zu Steak und Pommes frites!

Ruby Mild

ANFANGSDICHTE 1049 **ERWARTETE ENDDICHTE** 1014 **STAMMWÜRZE** 12 % **BRAUWASSER** 32 l

ERGIBT 23 l **REIFUNG** 8 WOCHEN **VOL.-% CA.** 4,6 % **BITTERE** 18,1 IBU **FARBE** 31,6 EBC

MAISCHE

WASSER 12,3 l **DAUER** 1 Std. **TEMPERATUR** 66 °C

Schüttung	Menge
Pale Malt	4,5 kg
Karamellmalz	150 g
Carafa® I	150 g
Weizenflocken	125 g

KOCHEN

WASSER 27 l **KOCHDAUER** 1 Std. 10 Min.

Hopfen	Menge	IBU	Zugabe
Golding 5,5 %	30 g	18,1	Bei Kochbeginn
Golding 5,5 %	15 g	0,0	Bei Kochende
Sonstige			
Irish Moss/Carrageen (E 407)	5 g/25 l		Bei Kochende

GÄRUNG

GÄRTEMPERATUR 22 °C **LAGERUNG** Mind. 4 Wochen bei 12 °C

Hefe

Wyeast 1187 Ringwood Ale

MALZEXTRAKT-VERSION

150 g **Karamellmalz** und 150 g **Carafa® I** 30 Min. bei 65 °C in 27 l Wasser maischen. Das Malz entfernen, dann 2,9 kg **hellen Trockenmalzextrakt** einrühren, aufkochen und den im Rezept empfohlenen Hopfen nach Anleitung zugeben.

Ein Bier, das seinem Namen gerecht wird, da es zu den stärksten gehört, die je gebraut wurden. Es schmeckt malzig, wein- oder sherryartig und ist anhaltend hopfenbitter im Nachklang.

Englischer Barley Wine

ANFANGSDICHTE 1090 **ERWARTETE ENDDICHTE** 1019 **STAMMWÜRZE** 22,5 % **BRAUWASSER** 35,5 l

ERGIBT 23 l
REIFUNG 15 WOCHEN
VOL.-% CA. 9,6 %
BITTERE 50 IBU
FARBE 27,3 EBC

MAISCHE

WASSER 21 l **DAUER** 1 Std. **TEMPERATUR** 67 °C

Schüttung	Menge
Pale Malt	7,2 kg
Karamellmalz dunkel	300 g
Carapils®	800 g

KOCHEN

WASSER 27 l **KOCHDAUER** 1 Std. 30 Min.

Hopfen	Menge	IBU	Zugabe
Northdown 8 %	71 g	50,0	Bei Kochbeginn
East Kent Golding 5,5 %	14 g	0,0	Bei Kochende
Target 10,5 %	14 g	0,0	Bei Kochende

Sonstige			
Irish Moss/Carrageen (E 407)	5 g/25 l		Bei Kochende
Honig	500 g		5 Min. vor Kochende

GÄRUNG

GÄRTEMPERATUR 22 °C **LAGERUNG** 14 Wochen bei 12 °C

Hefe
Wyeast 1028 London Ale

MALZEXTRAKT-VERSION

300 g **Karamellmalz dunkel** und 800 g **Carapils®** 30 Min. bei 65 °C in 27 l Wasser maischen. Das Malz entfernen, dann 4,5 kg **hellen Trockenmalzextrakt** einrühren, aufkochen und den im Rezept empfohlenen Hopfen nach Anleitung zugeben.

TIPP

Falls Ihr Maischebottich nicht groß genug für die gesamte Malzmenge ist, nehmen Sie nur 5 kg Pale Malt und kochen stattdessen 1,3 kg Trockenmalzextrakt mit.

Amerikanischer Barley Wine ist deutlich hopfiger als sein britischer Namensvetter: ein starkes und intensives Bier mit bittersüßem Nachklang und robusten Zitrusaromen.

Amerikanischer Barley Wine

ANFANGSDICHTE 1105 **ERWARTETE ENDDICHTE** 1024 **STAMMWÜRZE** 26 % **BRAUWASSER** 37,5 l

ERGIBT 23 l **REIFUNG** 15 WOCHEN **VOL.-% CA.** 10,9 % **BITTERE** 66 IBU **FARBE** 25,4 EBC

MAISCHE

WASSER 26 l **DAUER** 1 Std. **TEMPERATUR** 67 °C

Schüttung	Menge
Pale Malt	10 kg
Karamellmalz	400 g
Carafa Spezial® III	30 g

KOCHEN

WASSER 27 l **KOCHDAUER** 1 Std. 10 Min.

Hopfen	Menge	IBU	Zugabe
Chinook 13,3 %	71 g	61,7	Bei Kochbeginn
Cascade 6,6 %	26 g	4,3	10 Min. vor Kochende
Cascade 6,6 %	100 g	0,0	Bei Kochende
Sonstige			
Irish Moss/Carrageen (E 407)	5 g/25 l		Bei Kochende

GÄRUNG

GÄRTEMPERATUR 4 Tage bei 18 °C, dann bis zum Ende bei 22 °C
LAGERUNG 13 Wochen bei 12 °C

Hefe
Wyeast 1056 American Ale

> **TIPP**
> Dieses starke Bier ist mit Vorsicht zu genießen – Sie können die angegebenen Mengen auch halbieren, um einen kleineren Ansatz zu brauen.

MALZEXTRAKT-VERSION

400 g **Karamellmalz** und 30 g **Carafa Spezial® III** 30 Min. bei 65 °C in 27 l Wasser maischen. Das Malz entfernen, dann 6,3 kg **hellen Trockenmalzextrakt** einrühren, aufkochen und den im Rezept empfohlenen Hopfen nach Anleitung zugeben.

Ein sanftes, weiches Bier mit schönen Karamellnoten. Es hat mehr Substanz und Röstaromen als ein Brown Ale und schmeckt köstlich schokoladig im Nachklang.

Brown Porter

ANFANGSDICHTE 1049 **ERWARTETE ENDDICHTE** 1012 **STAMMWÜRZE** 12 % **BRAUWASSER** 32 l

ERGIBT 23 l

REIFUNG 5 WOCHEN

VOL.-% CA. 4,9 %

BITTERE 30,3 IBU

FARBE 45 EBC

MAISCHE

WASSER 12,5 l **DAUER** 1 Std. **TEMPERATUR** 67 °C

Schüttung	Menge
Pale Malt	4 kg
Karamellmalz dunkel	350 g
Carafa® I	200 g
Caramünch® II	300 g

KOCHEN

WASSER 27 l **KOCHDAUER** 1 Std. 10 Min.

Hopfen	Menge	IBU	Zugabe
First Gold 8,0 %	31 g	27,6	Bei Kochbeginn
First Gold 8,0 %	15 g	2,7	10 Min. vor Kochende
Sonstige			
Irish Moss/Carrageen (E 407)	5 g/25 l		Bei Kochende

GÄRUNG

GÄRTEMPERATUR 18 °C **LAGERUNG** 4 Wochen bei 12 °C

Hefe

Wyeast 1028 London Ale

MALZEXTRAKT-VERSION

350 g **Karamellmalz dunkel,** 200 g **Carafa® I** und 300 g **Caramünch® II** 30 Min. bei 65 °C in 27 l Wasser maischen. Das Malz entfernen, dann 2,5 kg **hellen Trockenmalzextrakt** einrühren, aufkochen und den im Rezept empfohlenen Hopfen nach Anleitung zugeben.

Kräftig-rauchige Malznoten gesellen sich zum feinen Geschmack roter Beeren und erschaffen so ein dunkles, rötlich braunes Winterbier – unwiderstehlich!

Smoked Porter

ANFANGSDICHTE 1054 **ERWARTETE ENDDICHTE** 1016 **STAMMWÜRZE** 13,5 % **BRAUWASSER** 33 l

ERGIBT 23 l **REIFUNG** 6 WOCHEN **VOL.-% CA.** 5,1 % **BITTERE** 28 IBU **FARBE** 49,6 EBC

MAISCHE

WASSER 14,75 l **DAUER** 1 Std. **TEMPERATUR** 65 °C

Schüttung	Menge
Pale Malt	4,5 kg
Rauchmalz	700 g
Carafa® III	300 g
Karamellmalz	200 g
Caramünch® I	200 g

KOCHEN

WASSER 27 l **KOCHDAUER** 1 Std. 15 Min.

Hopfen	Menge	IBU	Zugabe
Challenger 7 %	35 g	23,8	Bei Kochbeginn
Willamette 6,3 %	20 g	4,2	10 Min. vor Kochende
Willamette 6,3 %	20 g	0,0	Bei Kochende
Sonstige			
Irish Moss/Carrageen (E 407)	5 g/25 l		Bei Kochende

GÄRUNG

GÄRTEMPERATUR 18 °C **LAGERUNG** 5 Wochen bei 12 °C

Hefe

Wyeast 1187 Ringwood Ale

TIPP

Noch mehr Rauchigkeit gewünscht? Dann geben Sie nach 4 Tagen 100 g geröstete Eichenspäne in den Gärbottich.

OBERGÄRIGE BIERE PORTERS

Ein starkes, wärmendes Bier mit komplexen Fruchtnoten und weichem Nachklang. Wie der Name andeutet, stammt dieses Porter ursprünglich aus dem Ostseeraum.

Baltic Porter

ANFANGSDICHTE 1080 **ERWARTETE ENDDICHTE** 1019 **STAMMWÜRZE** 20% **BRAUWASSER** 35 l

ERGIBT 23 l

REIFUNG MIND. 12 WOCHEN

VOL.-% CA. 8,2%

BITTERE 30 IBU

FARBE 56,3 EBC

MAISCHE

WASSER 19,2 l **DAUER** 1 Std. **TEMPERATUR** 67 °C

Schüttung	Menge
Münchner Malz	7 kg
Ambermalz	300 g
Carafa Spezial® III	286 g
Biskuitmalz	200 g
Carafa® I	300 g
Caramünch® I	100 g

KOCHEN

WASSER 27 l **KOCHDAUER** 1 Std. 10 Min.

Hopfen	Menge	IBU	Zugabe
Saazer 4,2%	74 g	27,4	Bei Kochbeginn
Saazer 4,2%	15 g	2,6	15 Min. vor Kochende
Sonstige			
Irish Moss/Carrageen (E 407)	5 g/25 l		Bei Kochende

GÄRUNG

GÄRTEMPERATUR 12 °C **LAGERUNG** Mind. 11 Wochen bei 12 °C

Hefe

Wyeast 2633 Octoberfest Lager Blend

TIPP

Dieses Bier reift ausgesprochen gut. Ziehen Sie es daher auf Flaschen und lassen Sie es möglichst lange im Keller nachreifen.

Ein dunkles, komplexes und vollmundiges Bier mit trockenem Nachklang. Es ähnelt dem Brown Porter (siehe S. 169), hat aber dank des Honigs einen ganz eigenen Charakter.

Honey Porter

ANFANGSDICHTE 1048 **ERWARTETE ENDDICHTE** 1009 **STAMMWÜRZE** 12 % **BRAUWASSER** 32 l

ERGIBT 23 l **REIFUNG** 6 WOCHEN **VOL.-% CA.** 5,2 % **BITTERE** 15,1 IBU **FARBE** 50,3 EBC

MAISCHE

WASSER 10,5 l **DAUER** 1 Std. **TEMPERATUR** 65 °C

Schüttung	**Menge**
Pale Malt	3 kg
Karamellmalz hell	500 g
Wiener Malz	400 g
Carafa Spezial® III	200 g
Carafa® I	100 g

KOCHEN

WASSER 27 l **KOCHDAUER** 1 Std. 10 Min.

Hopfen	**Menge**	**IBU**	**Zugabe**
Fuggle 4,5 %	23 g	10,8	Bei Kochbeginn
Challenger 7 %	15 g	4,3	10 Min. vor Kochende
Wakatu 6,6 %	16 g	0,0	Bei Kochende
Sonstige			
Irish Moss/Carrageen (E 407)	5 g/25 l		Bei Kochende
Honig	500 g		5 Min. vor Kochende

GÄRUNG

GÄRTEMPERATUR 18 °C **LAGERUNG** 5 Wochen bei 12 °C

Hefe

Wyeast 1272 American Ale II

Dieses irische Stout sollte ursprünglich den Erfolg der Londoner Porters nachahmen. Es ist jedoch viel cremiger und vollmundiger als ein Porter – und bleibt damit ein klassisches Stout.

Dry Stout

ANFANGSDICHTE 1048 **ERWARTETE ENDDICHTE** 1013 **STAMMWÜRZE** 12 % **BRAUWASSER** 32 l

ERGIBT 23 l **REIFUNG** 5 WOCHEN **VOL.-% CA.** 4,7 % **BITTERE** 37,9 IBU **FARBE** 76,7 EBC

MAISCHE

WASSER 12 l **DAUER** 1 Std. **TEMPERATUR** 67 °C

Schüttung	Menge
Pale Malt	3,8 kg
Gerstenflocken	500 g
Röstgerste	450 g
Carafa® I	100 g

KOCHEN

WASSER 27 l **KOCHDAUER** 1 Std. 10 Min.

Hopfen	Menge	IBU	Zugabe
East Kent Golding 5,5 %	61 g	37,9	Bei Kochbeginn
Sonstige			
Irish Moss/Carrageen (E 407)	5 g/25 l		Bei Kochende

GÄRUNG

GÄRTEMPERATUR 18 °C
LAGERUNG 4 Wochen bei 12 °C

Hefe
Wyeast 1084 Irish Ale

Unwiderstehlich weich in der Textur und reich an Röst- und Schokoladennoten – das Oatmeal Stout ist einfach ein köstliches Wohlfühlbier für den Winter.

Oatmeal Stout

ANFANGSDICHTE 1049 **ERWARTETE ENDDICHTE** 1014 **STAMMWÜRZE** 12 % **BRAUWASSER** 32 l

ERGIBT 23 l

REIFUNG 5 WOCHEN

VOL.-% CA. 4,6 %

BITTERE 30,3 IBU

FARBE 43,9 EBC

MAISCHE

WASSER 12,2 l **DAUER** 1 Std. **TEMPERATUR** 67 °C

Schüttung	Menge
Pale Malt	4,2 kg
Haferflocken	250 g
Karamellmalz	200 g
Carafa® I	160 g
Röstgerste	70 g

KOCHEN

WASSER 27 l **KOCHDAUER** 1 Std. 10 Min.

Hopfen	Menge	IBU	Zugabe
Challenger 7 %	39 g	30,3	Bei Kochbeginn
Challenger 7 %	16 g	0,0	Bei Kochende
Golding 5,5 %	16 g	0,0	Bei Kochende
Sonstige			
Irish Moss/Carrageen (E 407)	5 g/25 l		Bei Kochende

GÄRUNG

GÄRTEMPERATUR 20 °C **LAGERUNG** 4 Wochen bei 12 °C

Hefe

Wyeast 1187 Ringwood Ale

TIPP

Achten Sie darauf, dass Sie das Bier beim Abfüllen nicht noch zusätzlich belüften; es neigt bereits durch die Zugabe der Haferflocken zum Schalwerden.

Reichhaltige Schokoladen- und Kaffeeröstaromen ergänzen im Stout amerikanischer Machart das leichte Zitrusaroma des Hopfens. Am besten mit frisch gemahlenem Kaffee!

Coffee Stout

ANFANGSDICHTE 1058 **ERWARTETE ENDDICHTE** 1015 **STAMMWÜRZE** 14,5% **BRAUWASSER** 33 l

ERGIBT 23 l **REIFUNG** 6 WOCHEN **VOL.-% CA.** 5,7% **BITTERE** 40,6 IBU **FARBE** 79,2 EBC

MAISCHE

WASSER 14,6 l **DAUER** 1 Std. **TEMPERATUR** 67 °C

Schüttung	Menge
Pale Malt	5 kg
Gerstenröstmalz	250 g
Carafa Spezial® I	250 g
Karamellmalz hell	200 g
Caramünch® I	200 g
Carafa® I	150 g

KOCHEN

WASSER 27 l **KOCHDAUER** 1 Std. 15 Min.

Hopfen	Menge	IBU	Zugabe
Magnum 16%	21 g	35,5	Bei Kochbeginn
Cascade 6,6%	21 g	5,1	10 Min. vor Kochende
Cascade 6,6%	21 g	0,0	Bei Kochende
Sonstige			
Irish Moss/Carrageen (E 407)	5 g/25 l		Bei Kochende

GÄRUNG

GÄRTEMPERATUR 18 °C **LAGERUNG** 5 Wochen bei 12 °C

Hefe

Wyeast 1084 Irish Ale

Sonstige	Menge	Zugabe
Frisch gebrühter Kaffee	500 ml	Nach 4 Tagen

Bei dieser amerikanischen Version der traditionellen englisch-irischen Stouts harmonieren intensive Zitrusnoten perfekt mit dem dunklen, bitteren Aroma des Röstmalzes.

American Stout

ANFANGSDICHTE 1060 **ERWARTETE ENDDICHTE** 1010 **STAMMWÜRZE** 15% **BRAUWASSER** 33 l

ERGIBT 23 l

REIFUNG 8 WOCHEN

VOL.-% CA. 6,2%

BITTERE 39,9 IBU

FARBE 76,7 EBC

MAISCHE

WASSER 15 l **DAUER** 1 Std. **TEMPERATUR** 65 °C

Schüttung	Menge
Pale Malt	3 kg
Münchner Malz	2 kg
Carafa® III	500 g
Karamellmalz	500 g

KOCHEN

WASSER 27 l **KOCHDAUER** 1 Std. 15 Min.

Hopfen	Menge	IBU	Zugabe
Chinook 13,3%	28 g	38,1	Bei Kochbeginn
Amarillo 5%	10 g	1,8	10 Min. vor Kochende
Amarillo 5%	50 g	0,0	Bei Kochende
Sonstige			
Irish Moss/Carrageen (E 407)	5 g/25 l		Bei Kochende

GÄRUNG

GÄRTEMPERATUR 18 °C **LAGERUNG** 7 Wochen bei 12 °C

Hefe

White Labs WLP001 California Ale

Traditionell mischte man zur Mittagspause Milch in das Porter der Fabrikarbeiter: So entstand das Milk Stout – ein seidigweiches Bier mit Spuren von Schokolade und Kaffee.

Milk Stout

ANFANGSDICHTE 1059 **ERWARTETE ENDDICHTE** 1018 **STAMMWÜRZE** 15% **BRAUWASSER** 32,5 l

ERGIBT 23 l

REIFUNG 5 WOCHEN

VOL.-% CA. 5,2%

BITTERE 25 IBU

FARBE 63,6 EBC

MAISCHE

WASSER 13,5 l **DAUER** 1 Std. **TEMPERATUR** 67 °C

Schüttung	Menge
Pale Malt	4,2 kg
Carafa® I	300 g
Karamellmalz	300 g
Röstgerste	200 g
Gerstenflocken	200 g
Special B Malt	200 g

KOCHEN

WASSER 27 l **KOCHDAUER** 1 Std. 15 Min.

Hopfen	Menge	IBU	Zugabe
Challenger 7%	29 g	21,7	Bei Kochbeginn
Golding 5,5%	11 g	3,3	15 Min. vor Kochende
Sonstige			
Irish Moss/Carrageen (E 407)	5 g/25 l		Bei Kochende
Milchzucker	300 g		10 Min. vor Kochende

GÄRUNG

GÄRTEMPERATUR 20 °C **LAGERUNG** 4 Wochen bei 12 °C

Hefe

Wyeast 1318 London Ale III

TIPP

Milchzucker ist nicht fermentierbar; Sie können daher ruhig mehr zugeben, wenn Sie ein süßeres Bier bevorzugen.

Das ursprünglich in England für den Export an den russischen Zarenhof gebraute Bier wurde durch den hohen Gehalt an Alkohol und Hopfen haltbar gemacht und fror nicht ein.

Russian Imperial Stout

ANFANGSDICHTE 1080 **ERWARTETE ENDDICHTE** 1019 **STAMMWÜRZE** 20 % **BRAUWASSER** 35 l

ERGIBT 23 l | **REIFUNG** 16 WOCHEN | **VOL.-% CA.** 8,2 % | **BITTERE** 60,1 IBU | **FARBE** 76,3 EBC

MAISCHE

WASSER 20 l **DAUER** 1 Std. **TEMPERATUR** 65 °C

Schüttung	Menge
Pale Malt	7 kg
Karamellmalz	500 g
Röstgerste	200 g
Carafa® I	150 g
Carafa Spezial® III	150 g

KOCHEN

WASSER 27 l **KOCHDAUER** 1 Std. 15 Min.

Hopfen	Menge	IBU	Zugabe
Challenger 7 %	61 g	37,9	Bei Kochbeginn
Golding 5,5 %	61 g	22,2	30 Min. vor Kochende
Sonstige			
Irish Moss/Carrageen (E 407)	5 g/25 l		Bei Kochende

GÄRUNG

GÄRTEMPERATUR 20 °C **LAGERUNG** 15 Wochen bei 12 °C

Hefe

Wyeast 1028 London Ale

MALZEXTRAKT-VERSION

500 g **Karamellmalz,** 200 g **Röstgerste**, 150 g **Carafa® I** und 150 g **Carafa Spezial® III** 30 Min. bei 65 °C in 27 l Wasser maischen. Das Malz entfernen, dann 4,4 kg **hellen Trockenmalzextrakt** einrühren, aufkochen und den im Rezept empfohlenen Hopfen nach Anleitung zugeben.

Dieses köstliche Bier verbindet eine dunkle, volle Malzigkeit mit feinem Vanillearoma und einem süßen Bourbon-Nachklang. Lassen Sie es mehrere Monate reifen.

Vanilla Bourbon Stout

ANFANGSDICHTE 1070 **ERWARTETE ENDDICHTE** 1017 **STAMMWÜRZE** 17,5 % **BRAUWASSER** 34 l

ERGIBT 23 l

REIFUNG 16 WOCHEN

VOL.-% CA. 7,8 %

BITTERE 30,2 IBU

FARBE 58,6 EBC

MAISCHE

WASSER 17,5 l **DAUER** 1 Std. **TEMPERATUR** 65 °C

Schüttung	Menge
Pale Malt	4,9 kg
Wiener Malz	1,1 kg
Carafa® III	500 g
Carafa® I	350 g
Karamellmalz	200 g

KOCHEN

WASSER 27 l **KOCHDAUER** 1 Std. 15 Min.

Hopfen	Menge	IBU	Zugabe
Northern Brewer 8 %	35 g	26,6	Bei Kochbeginn
Challenger 7 %	16 g	3,6	10 Min. vor Kochende
Sonstige			
Irish Moss/Carrageen (E 407)	5 g/25 l		Bei Kochende

GÄRUNG

GÄRTEMPERATUR 20 °C **LAGERUNG** 15 Wochen bei 12 °C

Hefe

Wyeast 1028 London Ale

Sonstige	Menge	Zugabe
Vanilleschoten	2 Stck.	Nach 4 Tagen stopfen, 1 Woche ziehen lassen
Bourbon	400 ml	Kurz vor dem Abfüllen

Weizenbiere

Die im mittelalterlichen Europa weitverbreiteten Weizenbiere – auch Weißbiere genannt – entstehen mit einem hohen Weizenanteil im Maischebottich.

Der Weizen macht bei diesem Bierstil häufig mehr als 50 Prozent der Schüttung aus; meist wird er mit hellem Gerstenmalz gemischt. Dadurch entsteht ein trübes Bier mit einem typisch trockenen Charakter – wobei der Geschmack hauptsächlich von den besonderen Hefestämmen herrührt, die bei der Weißbiergärung zum Einsatz kommen.

HOHE KRÄUSEN

Die für Weizenbier verwendeten Hefen sind echte obergärige Stämme und produzieren daher bei der Gärung besonders hohe Kräusen, da sie vollständig an die Oberfläche steigen. Durch die höheren Gärtemperaturen entstehen komplexe Geschmacksstoffe und Ester, die bei anderen Bierstilen bereits als Fehler gelten würden. So gibt es Weißbiere mit Nelken-, Gewürz-, Bananen- und manchmal sogar Kaugumminoten. Besonders die belgischen Weizenbiere erhalten durch die Zugabe von Bitterorangenschalen und Gewürzen häufig einen besonders eigenständigen Charakter.

NATURTRÜB

Die einzigartige Gärung und Serviertechnik verleihen diesem Bierstil einen ganz eigenen Charakter. Die in der Regel kühl und mit viel CO_2 servierten Weizenbiere reifen grundsätzlich in der Flasche. Daher kann der Hefesatz aus der Flasche auch für eine schöne Naturtrübe verwendet werden.

Weizenbiere sind leicht selbst zu brauen, da sie bei höheren Temperaturen gären dürfen und eine große Vielfalt angenehmer Geschmacksnoten erlaubt sind. Darüber hinaus sind sie auch sehr gut jung zu trinken – ideal für ungeduldige Heimbrauer!

Weißbiere

Weiß- oder Weizenbier stammt aus Bayern. Es war heller als andere obergärige Biere der Region – daher der Name »Weißbier«.

Im Glas Hell strohblond bis dunkel goldblond, mit dicker, stabiler Krone. Wird oft trüb serviert.

Gaumen Relativ schwache Bittere, oft mit Noten von Nelken, Bananen und Vanille.

Aroma Leicht hopfentönig mit moderaten Zitrus-, Bananen- und Nelkenaromen.

Alkoholgehalt 4,3–5,6 Vol.-%

D Es gibt mehrere, vorwiegend deutsche Stile. Hefeweizen ist z.B. ungefiltert, naturtrüb und schwach hopfenbitter. Kristallweizen ist im Gegensatz dazu gefiltert und glanzklar.

Rezepte siehe S. 184ff.

Roggenbiere

Der Roggen in der Maische gibt Getreidenoten. Historisch wurde Roggen in Deutschland häufig anstelle von Gerste genutzt.

Im Glas Hellgolden bis dunkel, oft mit Orange- oder Rottönen und einer dichten, stabilen Krone.

Gaumen Getreidig mit deutlich würzigem Roggengeschmack, ähnlich wie in Pumpernickel.

Aroma Leichtes, würziges Roggenaroma, häufig mit Nelken- und Banannennoten aus der Gärung.

Alkoholgehalt 4,5–6 Vol.-%

D Bei niedrigeren Temperaturen fermentierte Weizenhefe verleiht deutschen Roggenbieren komplexe Bananen und Nelkennoten.

USA US-amerikanische Roggenbiere sind stark und kräftig gehopft. Würzige Roggennoten treffen hier auf zitrustönigen Hopfen und relativ neutrale Hefetöne.

Rezepte siehe S. 188f.

Witbier

Ein sehr alter, fast vergessener Stil, von Pierre Celis von Hoegaarden wieder populär gemacht. Würzig mit moderatem Alkoholgehalt.

Im Glas Hell strohblond und immer trüb, mit kleinporiger, sehr haltbarer Krone.

Gaumen Erfrischend spritzig, herb und würzig, mit Orangennoten und wenig Hopfenaroma und -bittere.

Aroma Blumiger Hopfen und würziger Koriander geben ein charakteristisches, feines Aroma.

Alkoholgehalt 4,5–5,5 Vol.-%

B Belgisches Witbier ist generell mit Koriander, Orange und weiteren Gewürzen und Kräutern versetzt.

Rezepte siehe S. 190f.

Dunkelweizen

Ein hinreißend dunkles Bier – mit einem wesentlich vielschichtigeren Malzcharakter als bei anderen Weizenbiersorten.

Im Glas Bernsteinfarben bis dunkelbraun, mit stabiler, cremefarbener Krone. Naturtrüb.

Gaumen Bananen- und Nelkentöne, die aber von den süßen Karamellnoten der gerösteten Malze beherrscht werden.

Aroma Moderate Nelken- und Bananenaromen. Etwas Edelhopfen.

Alkoholgehalt 4,3–5,6 Vol.-%

D Deutsches Dunkelweizen besitzt deutliche Bananen- und Nelkennoten mit Karamellmalztönen. Es ist leicht mit Edelhopfen gehopft.

USA US-amerikanische Dunkelweizen sind stärker und hopfiger als deutsche. Zu feinen Malznoten gesellen sich Zitrustöne und ein neutraler Hefegeschmack.

Rezepte siehe S. 192f.

GEHT SCHNELL!

Der erstmals 1907 in München gebraute Weizenbock ist schwer, dunkel bernsteinfarben mit würzigen Nelkentönen. Die Krone ist stabil und hell cremefarben.

Weizenbock

ANFANGSDICHTE 1065 **ERWARTETE ENDDICHTE** 1016 **STAMMWÜRZE** 16 % **BRAUWASSER** 33,5 l

ERGIBT 23 l | **REIFUNG** 4 WOCHEN | **VOL.-% CA.** 6,6 % | **BITTERE** 19,8 IBU | **FARBE** 28,3 EBC

MAISCHE

WASSER 16 l **DAUER** 1 Std. **TEMPERATUR** 65 °C

Schüttung	Menge
Weizenmalz	3,6 kg
Münchner Malz	2,4 kg
Carawheat®	250 g
Weizenröstmalz	120 g

KOCHEN

WASSER 27 l **KOCHDAUER** 1 Std. 15 Min.

Hopfen	Menge	IBU	Zugabe
Saazer 4,2 %	48 g	19,8	Bei Kochbeginn

Sonstige			
Irish Moss/Carrageen (E 407)	5 g/25 l		Bei Kochende

GÄRUNG

GÄRTEMPERATUR 24 °C **LAGERUNG** 3 Wochen bei 12 °C

Hefe

Wyeast 3056 Bavarian Wheat Blend

Bayerisches Weißbier wird am besten trüb serviert, indem man beim Einschenken aus der Flasche das Hefesediment aufschüttelt. Es hat leichte Bananennoten.

GEHT SCHNELL!

Weißbier

ANFANGSDICHTE 1050 **ERWARTETE ENDDICHTE** 1012 **STAMMWÜRZE** 12,5 % **BRAUWASSER** 32 l

ERGIBT 23 l
REIFUNG 4 WOCHEN
VOL.-% CA. 5 %
BITTERE 15,3 IBU
FARBE 6,3 EBC

MAISCHE

WASSER 12,5 l **DAUER** 1 Std. **TEMPERATUR** 65 °C

Schüttung	Menge
Weizenmalz	2,7 kg
Pilsner Malz	2,3 kg

KOCHEN

WASSER 27 l **KOCHDAUER** 1 Std. 10 Min.

Hopfen	Menge	IBU	Zugabe
Hallertauer Hersbrucker 3,5 %	25 g	9,6	Bei Kochbeginn
Saazer 4,2 %	12 g	5,7	Bei Kochbeginn
Sonstige			
Irish Moss/Carrageen (E 407)	5 g/25 l		Bei Kochende

GÄRUNG

GÄRTEMPERATUR 22 °C **LAGERUNG** 3 Wochen bei 12 °C

Hefe

Wyeast 3068 Weihenstephan Weizen

MALZEXTRAKT-VERSION

3 kg **Weizenmalzextrakt** in 27 l Wasser einrühren, aufkochen und den im Rezept empfohlenen Hopfen nach Anleitung zugeben.

GEHT SCHNELL!

Ein naturtrübes, erfrischendes Bier – mit intensiven Zitrusnoten und Aromen, die vom kräftigen amerikanischen Hopfen und von der Hefe stammen.

Amerikanisches Weizenbier

ANFANGSDICHTE 1058 **ERWARTETE ENDDICHTE** 1013 **STAMMWÜRZE** 14,5 % **BRAUWASSER** 33 l

ERGIBT 23 l | **REIFUNG** 4 WOCHEN | **VOL.-% CA.** 5,9 % | **BITTERE** 25 IBU | **FARBE** 9,1 EBC

MAISCHE

WASSER 14,5 l **DAUER** 1 Std. **TEMPERATUR** 65 °C

Schüttung	Menge
Weizenmalz	3 kg
Lagermalz	2,5 kg
Carapils®	300 g

KOCHEN

WASSER 27 l **KOCHDAUER** 1 Std. 10 Min.

Hopfen	Menge	IBU	Zugabe
Citra 13,8 %	17 g	25,0	Bei Kochbeginn
Citra 13,8 %	26 g	0,0	Bei Kochende
Sonstige			
Irish Moss/Carrageen (E 407)	5 g/25 l		Bei Kochende

GÄRUNG

GÄRTEMPERATUR 18 °C **LAGERUNG** 3 Wochen bei 12 °C

Hefe

Wyeast 1010 American Wheat

MALZEXTRAKT-VERSION

300 g **Carapils®** 30 Min. bei 65 °C in 27 l Wasser maischen. Das Malz entfernen, dann 3,3 kg **Weizenmalzextrakt** einrühren, aufkochen und den im Rezept empfohlenen Hopfen nach Anleitung zugeben.

TIPP

Wenn Sie die Fruchtnoten aus der Hefe stärker betonen möchten, dann vergären Sie das Bier bei einer wärmeren Temperatur von 22 °C.

GEHT SCHNELL

Dieses ungewöhnliche Bier aus Bayern vereint die starke Würze des Roggenmalzes mit vielschichtigen Apfel-, Birnen- und Bananennoten aus der Hefe.

Roggenbier

ANFANGSDICHTE 1051 **ERWARTETE ENDDICHTE** 1013 **STAMMWÜRZE** 13 % **BRAUWASSER** 32 l

ERGIBT 23 l · **REIFUNG** 4 WOCHEN · **VOL.-% CA.** 5 % · **BITTERE** 14,5 IBU · **FARBE** 30,9 EBC

MAISCHE

WASSER 12,25 l **DAUER** 1 Std. **TEMPERATUR** 65 °C

Schüttung	Menge
Roggenmalz	2,9 kg
Münchner Malz	1,6 kg
Weizenkaramellmalz	300 g
Carafa Spezial® III	120 g

KOCHEN

WASSER 27 l **KOCHDAUER** 1 Std. 15 Min.

Hopfen	Menge	IBU	Zugabe
Hallertauer Hersbrucker 3,5 %	31 g	11,7	Bei Kochbeginn
Hallertauer Hersbrucker 3,5 %	15 g	2,8	10 Min. vor Kochende
Tettnanger 4,5 %	15 g	0,0	Bei Kochende
Sonstige			
Irish Moss/Carrageen (E 407)	5 g/25 l		Bei Kochende

GÄRUNG

GÄRTEMPERATUR 24 °C **LAGERUNG** 3 Wochen bei 12 °C

Hefe

Wyeast 3638 Bavarian Wheat

Erfrischende Zitrusnoten des amerikanischen Hopfens, ergänzt durch den reinen Nachklang aus der deutschen Hefe – das gibt ein leichtes, spritziges und würziges Bier.

GEHT SCHNELL!

Amerikanisches Roggenbier

ANFANGSDICHTE 1056 **ERWARTETE ENDDICHTE** 1013 **STAMMWÜRZE** 14 % **BRAUWASSER** 32,5 l

ERGIBT 23 l | **REIFUNG** 4 WOCHEN | **VOL.-% CA.** 5,6 % | **BITTERE** 25,5 IBU | **FARBE** 9,8 EBC

MAISCHE

WASSER 13,75 l **DAUER** 1 Std. **TEMPERATUR** 65 °C

Schüttung	Menge
Roggenmalz	3 kg
Pale Malt	2,5 kg

KOCHEN

WASSER 27 l **KOCHDAUER** 1 Std. 10 Min.

Hopfen	Menge	IBU	Zugabe
Chinook 13,3 %	18 g	25,5	Bei Kochbeginn
Amarillo 5 %	50 g	0,0	Bei Kochende
Sonstige			
Irish Moss/Carrageen (E 407)	5 g/25 l		Bei Kochende

GÄRUNG

GÄRTEMPERATUR 18 °C **LAGERUNG** 3 Wochen bei 12 °C

Hefe
Wyeast 2565 Kölsch

Hopfen	Menge	Zugabe
Amarillo 5 %	25 g	Nach 4 Tagen, 1 Woche ziehen lassen

GEHT SCHNELL!

Ein klassisches, naturtrübes Bier aus Belgien: Hier vereint sich würziger Koriander mit Bananen- und Orangennoten zu einem »weißen Bier« ganz eigenen Charakters.

Witbier

ANFANGSDICHTE 1045 **ERWARTETE ENDDICHTE** 1011 **STAMMWÜRZE** 11 % **BRAUWASSER** 31,5 l

ERGIBT 23 l · **REIFUNG** 4 WOCHEN · **VOL.-% CA.** 4,5 % · **BITTERE** 15,3 IBU · **FARBE** 7,8 EBC

MAISCHE

WASSER 11,5 l **DAUER** 1 Std. **TEMPERATUR** 65 °C

Schüttung	Menge
Weizenmalz	2,3 kg
Pale Malt	2,3 kg

KOCHEN

WASSER 27 l **KOCHDAUER** 1 Std. 10 Min.

Hopfen	Menge	IBU	Zugabe
Saazer 4,2 %	32 g	15,3	Bei Kochbeginn
Sonstige			
Irish Moss/Carrageen (E 407)	5 g/25 l		Bei Kochende
Bitterorangenschale	25 g		10 Min. vor Kochende
Koriandersamen, leicht zerstoßen	25 g		10 Min. vor Kochende

GÄRUNG

GÄRTEMPERATUR 24 °C **LAGERUNG** 3 Wochen bei 12 °C

Hefe

Wyeast 3944 Belgian Witbier

TIPP

Achten Sie darauf, dass der Gärbottich hoch genug ist, da diese Hefe bei der Gärung sehr hohe Kräusen erzeugt.

MALZEXTRAKT-VERSION

2,7 kg **Weizenmalzextrakt** in 27 l Wasser einrühren, aufkochen und den im Rezept empfohlenen Hopfen sowie die übrigen Zutaten nach Anleitung zugeben.

GEHT SCHNELL!

Dieses köstlich-cremige deutsche Weizenbier besitzt einen komplexen Malzcharakter, der sich wunderbar mit den fruchtigen Hefenoten verbindet.

Dunkles Weißbier

ANFANGSDICHTE 1056 **ERWARTETE ENDDICHTE** 1014 **STAMMWÜRZE** 14% **BRAUWASSER** 32,5 l

ERGIBT 23 l **REIFUNG** 4 WOCHEN **VOL.-% CA.** 5,6% **BITTERE** 15,3 IBU **FARBE** 29,5 EBC

MAISCHE

WASSER 13,5 l **DAUER** 1 Std. **TEMPERATUR** 65 °C

Schüttung	Menge
Weizenmalz	2,7 kg
Münchner Malz	2,3 kg
Caramünch® III	300 g
Special B Malt	300 g

KOCHEN

WASSER 27 l **KOCHDAUER** 1 Std. 10 Min.

Hopfen	Menge	IBU	Zugabe
Tettnanger 4,5%	32 g	15,3	Bei Kochbeginn
Sonstige			
Irish Moss/Carrageen (E 407)	5 g/25 l		Bei Kochende

GÄRUNG

GÄRTEMPERATUR 22 °C **LAGERUNG** 3 Wochen bei 12 °C

Hefe

Wyeast 3056 Bavarian Wheat Blend

Ein dunkles und malziges Bier, das eher an ein Ale erinnert als an ein traditionelles Weizenbier: mit einem ganz eigenen Weizencharakter, der mit hopfigem Zitrusaroma harmoniert.

Dark Wheat Beer

ANFANGSDICHTE 1064 **ERWARTETE ENDDICHTE** 1015 **STAMMWÜRZE** 16% **BRAUWASSER** 33,5 l

ERGIBT 23 l | **REIFUNG** 6 WOCHEN | **VOL.-% CA.** 6,5% | **BITTERE** 44,1 IBU | **FARBE** 28,8 EBC

MAISCHE

WASSER 16,25 l **DAUER** 1 Std. **TEMPERATUR** 65 °C

Schüttung	Menge
Wiener Malz	3 kg
Weizenmalz	2,6 kg
Biskuitmalz	500 g
Weizenkaramellmalz	300 g
Carafa Spezial® I	100 g

KOCHEN

WASSER 27 l **KOCHDAUER** 1 Std. 10 Min.

Hopfen	Menge	IBU	Zugabe
Magnum 11%	40 g	44,1	Bei Kochbeginn
Willamette 6,3%	24 g	0,0	Bei Kochende
Sonstige			
Irish Moss/Carrageen (E 407)	5 g/25 l		Bei Kochende

GÄRUNG

GÄRTEMPERATUR 18 °C **LAGERUNG** 5 Wochen bei 12 °C

Hefe

Wyeast 2565 Kölsch

Gemischte Stile

Die Biere in dieser Kategorie kann man streng genommen weder als Lager noch als Ale oder Weizenbier klassifizieren – selbst wenn es durchaus Gemeinsamkeiten gibt.

Hier finden sich auch sogenannte »Hybridbiere«, die häufig mit einer Kombination aus ober- und untergärigen Methoden gebraut werden. So wird Kölsch (siehe S. 197) mit obergäriger Hefe gebraut, reift aber in kühler Umgebung und besitzt daher den klaren Nachklang eines untergärigen Lagers. Im Gegensatz dazu wird das Californian Common (siehe S. 198) mit untergäriger Hefe gebraut, die aber bei obergärigen – wärmeren – Temperaturen fermentiert.

EXPERIMENTIEREN ERLAUBT

Dem kreativen Heimbrauer stehen Kräuter, Gewürze, Früchte und sogar Gemüse für Experimente zur freien Verfügung. Nutzen Sie die Rezepte in diesem Abschnitt als Basis, um Ihr eigenes Portfolio an individuellen, köstlichen Braukreationen zu erstellen. Solange die Geschmacksnoten zueinanderpassen und mengenmäßig in einem harmonischen Verhältnis stehen, gibt es keinen Grund, nicht aus den unterschiedlichsten Zutaten wohlschmeckende Biergetränke zu brauen.

DREI SCHLÜSSEL ZUM ERFOLG

- Geben Sie Früchte erst in den Bottich, nachdem die Hauptgärung abgeschlossen ist und der entstandene Alkohol die Gefahr einer Bakterieninfektion verringert. Beim Sudkochen gehen zu viele Fruchtnoten verloren.
- Geben Sie Kräuter und Gewürze erst zum Ende der Kochzeit zu, damit sie Geschmack abgeben können. Wenn sie zu lange kochen, verkochen die zarten Geschmacksnoten und werden durch bittere oder adstringierende – den Gaumen zusammenziehende – Stoffe verdrängt.
- Gehen Sie bei der Dosierung nach der Devise »Weniger ist mehr« vor: Ein zarter Kräuter-, Gewürz- oder Fruchtcharakter ist meist angenehmer als ein zu dominanter Geschmack.

Helle Hybride

Obergärige Hefen reifen bei untergärigen Temperaturen oder umgekehrt – so entsteht z. B. vollmundiger Ale-Geschmack mit feinem Lager-Nachklang.

Im Glas Variiert je nach Stil, meist aber sehr hell, kristallklar und mit haltbarer weißer Krone.

Gaumen Variiert je nach Stil, meist aber rein, mit wenig Bittere und trockenem Nachklang.

Aroma Typisch neutrales Aroma, mit schwacher Malz- und Hopfenpräsenz.

Alkoholgehalt 3,8–5,6 Vol.-%

USA: In den USA sind Cream Ales (aus untergärigen Hefen) sehr beliebt. Sie sind leicht, klar und sehr erfrischend.

D: Kölsch ist leicht, hopfig, klar und wird mit obergäriger Hefe gebraut. Der Name ist geschützt und darf nur von rund 25 Brauereien in Köln und Umgebung genutzt werden.

Rezepte siehe S. 196f.

Dunkle Hybride

Analog zu den hellen Varianten, aber mit geröstetem Malz für eine kräftigere Färbung gebraut. Werden auch als Bitter-Lager bezeichnet.

- **Im Glas** Hellbraun bis tief kupferfarben, in der Regel sehr klar mit recht stabiler Krone.
- **Gaumen** Recht bitter und malzig, mit spritzig-reinem Nachklang.
- **Aroma** Moderat hopfentönig, je nach Stil mit feinen Malzaromen.
- **Alkoholgehalt** 4,5–5,5 Vol.-%
- (D) Typische Vertreter sind Altbiere aus Norddeutschland, vor allem aus Düsseldorf. Der Name bezieht sich auf die althergebrachte Brauweise, bei der obergärige Hefe bei kühlen, untergärigen Temperaturen arbeitet.

Rezepte siehe S. 198ff.

Kräuter- und Gewürzbiere

Verwenden Sie Kräuter und Gewürze beim Experimentieren nur in kleinen Mengen.

- **Im Glas** Meist klar, mit einer großen Farbbandbreite, je nach verwendeten Zutaten.
- **Gaumen** Meist trocken, mit feinen Noten der Kräuter und Gewürze.
- **Aroma** Kann eine milde Hopfigkeit besitzen, auch wenn die Kräuter dominieren werden.
- **Alkoholgehalt** 4–6 Vol.-%
- (GB) Fraoch, Gälisch für »Heidekraut«, ist ein uralter, einzigartiger Bierstil, der in Schottland seit Jahrtausenden gebraut wird.

Rezepte siehe S. 202ff.

Frucht- und Gemüsebiere

Obst und Gemüse sorgen für geschmackliche Tiefe und verleihen dem Bier einen eigenen Charakter.

- **Im Glas** Variiert je nach verwendeten Früchten und Gemüsen, meist ein wenig trüb.
- **Gaumen** Die Früchte oder Gemüse liefern die dominierenden Noten, die aber eher subtil und durch Hopfenbittere ausgeglichen sein sollten.
- **Aroma** Ein leichtes Hopfen- und Malzaroma sollte den Frucht- oder Gemüsecharakter abrunden.
- **Alkoholgehalt** 4–6 Vol.-%
- (B) Fruchtweizenbiere und Kirsch-Lambics sind in Belgien ebenso beliebt wie Pfirsich- und Himbeerbiere.
- (USA) Kürbisbier ist in den USA ein beliebtes Herbstbier. Sehr populär ist auch ein mit Chili gebrautes Pale Ale.

Rezepte siehe S. 206ff.

Ein klassisch amerikanisches Ale: leicht und spritzig. Feine Zitrusaromen werden durch den reinen Nachklang ausbalanciert – sehr erfrischend an warmen Sommertagen!

Cream Ale

ANFANGSDICHTE 1055 **ERWARTETE ENDDICHTE** 1014 **STAMMWÜRZE** 14% **BRAUWASSER** 32,5 l

ERGIBT 23 l
REIFUNG 4 WOCHEN
VOL.-% CA. 5,5%
BITTERE 19,8 IBU
FARBE 9,6 EBC

MAISCHE

WASSER 13,75 l **DAUER** 1 Std. **TEMPERATUR** 65 °C

Schüttung	Menge
Pale Malt	5 kg
Maisflocken	500 g

KOCHEN

WASSER 27 l **KOCHDAUER** 1 Std. 10 Min.

Hopfen	Menge	IBU	Zugabe
Centennial 8,5%	22 g	19,8	Bei Kochbeginn
Mount Hood 4,5%	33 g	0,0	Bei Kochende
Sonstige			
Irish Moss/Carrageen (E 407)	5 g/25 l		Bei Kochende

GÄRUNG

GÄRTEMPERATUR 18 °C
LAGERUNG 3 Wochen bei 12 °C

Hefe
Wyeast 2112 California Lager

GEHT SCHNELL!

Die Kölner Spezialität wird wie ein Ale obergärig vergoren, reift aber bei niedrigen Lager-Temperaturen. Feine, blumige Hopfigkeit und reiner Charakter zeichnen es aus.

Kölsch

ANFANGSDICHTE 1046 **ERWARTETE ENDDICHTE** 1011 **STAMMWÜRZE** 11,5 % **BRAUWASSER** 31,5 l

ERGIBT 23 l

REIFUNG 4 WOCHEN

VOL.-% CA. 4,6 %

BITTERE 25 IBU

FARBE 7,2 EBC

MAISCHE

WASSER 11,25 l **DAUER** 1 Std. **TEMPERATUR** 65 °C

Schüttung	Menge
Pilsner Malz	4 kg
Carapils®	500 g

KOCHEN

WASSER 27 l **KOCHDAUER** 1 Std. 10 Min.

Hopfen	Menge	IBU	Zugabe
Spalter Select 4,5 %	44 g	22,8	Bei Kochbeginn
Tettnanger 4,5 %	22 g	2,2	5 Min. vor Kochende
Tettnanger 4,5 %	44 g	0,0	Bei Kochende
Sonstige			
Irish Moss/Carrageen (E 407)	5 g/25 l		Bei Kochende

GÄRUNG

GÄRTEMPERATUR 18 °C **LAGERUNG** 3 Wochen bei 5 °C

Hefe

Wyeast 2565 Kölsch

MALZEXTRAKT-VERSION

500 g **Carapils®** 30 Min. bei 65 °C in 27 l Wasser maischen. Das Malz entfernen, dann 2,5 kg **extrahellen Trockenmalzextrakt** einrühren, aufkochen und den im Rezept empfohlenen Hopfen nach Anleitung zugeben.

Ein dunkles Ale im amerikanischen Stil – mit klarem, lagerartigem Nachklang. Die holzigen, minzigen Noten und Aromen stammen vom deutschen Northern-Brewer-Hopfen.

Californian Common

ANFANGSDICHTE 1052 **ERWARTETE ENDDICHTE** 1016 **STAMMWÜRZE** 13 % **BRAUWASSER** 32 l

ERGIBT 23 l **REIFUNG** 6 WOCHEN **VOL.-% CA.** 4,8 % **BITTERE** 40,5 IBU **FARBE** 21,8 EBC

MAISCHE

WASSER 13 l **DAUER** 1 Std. **TEMPERATUR** 65 °C

Schüttung	Menge
Pale Malt	3,8 kg
Wiener Malz	1 kg
Karamellmalz	300 g
Carafa®	50 g

KOCHEN

WASSER 27 l **KOCHDAUER** 1 Std. 10 Min.

Hopfen	Menge	IBU	Zugabe
Northern Brewer 8 %	41 g	36,3	Bei Kochbeginn
Northern Brewer 8 %	14 g	4,2	10 Min. vor Kochende
Northern Brewer 8 %	41 g	0,0	Bei Kochende
Sonstige			
Irish Moss/Carrageen (E 407)	5 g/25 l		Bei Kochende

GÄRUNG

GÄRTEMPERATUR 18 °C **LAGERUNG** 5 Wochen bei 12 °C

Hefe

Wyeast 2112 California Lager

Ein wunderbares Beispiel für ein »Alt«: Norddeutsches Altbier ist ein reines, dunkelbraunes und relativ bitteres Bier mit karamellartiger Malzigkeit.

Norddeutsches Altbier

ANFANGSDICHTE 1048 **ERWARTETE ENDDICHTE** 1012 **STAMMWÜRZE** 12% **BRAUWASSER** 32 l

ERGIBT 23 l **REIFUNG** 8 WOCHEN **VOL.-% CA.** 4,8% **BITTERE** 34,7 IBU **FARBE** 26,5 EBC

MAISCHE

WASSER 13 l **DAUER** 1 Std. **TEMPERATUR** 65 °C

Schüttung	Menge
Pilsner Malz	2 kg
Pale Malt	2 kg
Caramünch® III	500 g
Carapils®	300 g
Carafa Spezial® III	60 g

KOCHEN

WASSER 27 l **KOCHDAUER** 1 Std. 10 Min.

Hopfen	Menge	IBU	Zugabe
Magnum 11%	28 g	34,7	Bei Kochbeginn
Sonstige			
Irish Moss/Carrageen (E 407)	5 g/25 l		Bei Kochende

GÄRUNG

GÄRTEMPERATUR 12 °C **LAGERUNG** 7 Wochen bei 3 °C

Hefe

Wyeast 1007 German Ale

MALZEXTRAKT-VERSION

500 g **Caramünch® III,** 300 g **Carapils®** und 60 g **Carafa Spezial® III** 30 Min. bei 65 °C in 27 l Wasser maischen. Das Malz entfernen, dann 2,5 kg **extrahellen Trockenmalzextrakt** einrühren, aufkochen und den im Rezept empfohlenen Hopfen nach Anleitung zugeben.

Das Düsseldorfer Alt ist stärker und bitterer als Altbiere aus anderen Regionen. Eine kühle Gärung und lange Lagerung produzieren ein seidigweiches Bier.

Düsseldorfer Altbier

ANFANGSDICHTE 1053 **ERWARTETE ENDDICHTE** 1013 **STAMMWÜRZE** 13 % **BRAUWASSER** 32 l

ERGIBT 23 l
REIFUNG 8 WOCHEN
VOL.-% CA. 5,3 %
BITTERE 49,7 IBU
FARBE 22,1 EBC

MAISCHE

WASSER 13 l **DAUER** 1 Std. **TEMPERATUR** 65 °C

Schüttung	Menge
Pilsner Malz	4,8 kg
Karamellmalz hell	350 g
Carafa® III	70 g

KOCHEN

WASSER 27 l **KOCHDAUER** 1 Std. 10 Min.

Hopfen	Menge	IBU	Zugabe
Spalter Select 4,5 %	93 g	45,3	Bei Kochbeginn
Spalter Select 4,5 %	46 g	4,4	5 Min. vor Kochende
Spalter Select 4,5 %	50 g	0,0	Bei Kochende
Sonstige			
Irish Moss/Carrageen (E 407)	5 g/25 l		Bei Kochende

GÄRUNG

GÄRTEMPERATUR 16 °C **LAGERUNG** 7 Wochen bei 3 °C

Hefe

Wyeast 1275 Thames Valley Ale

MALZEXTRAKT-VERSION

350 g **Karamellmalz** und 70 g **Carafa® III** 30 Min. bei 65 °C in 27 l Wasser maischen. Das Malz entfernen, dann 3 kg **extrahellen Trockenmalzextrakt** einrühren, aufkochen und den im Rezept empfohlenen Hopfen nach Anleitung zugeben.

GEHT SCHNELL!

Eine erstaunlich gute Kombination: Gewürz- und Zitrusnoten zusammen mit hopfigem Aroma – dieses ungewöhnliche Bier ist ein idealer Begleiter zu pikantem Essen!

Koriander-Limetten-Bier

ANFANGSDICHTE 1050 **ERWARTETE ENDDICHTE** 1011 **STAMMWÜRZE** 12,5 % **BRAUWASSER** 32 l

ERGIBT 23 l **REIFUNG** 4 WOCHEN **VOL.-% CA.** 5,1 % **BITTERE** 37,1 IBU **FARBE** 9 EBC

MAISCHE

WASSER 12,5 l **DAUER** 1 Std. **TEMPERATUR** 65 °C

Schüttung	Menge
Pale Malt	4 kg
Carapils®	500 g
Weizenmalz	500 g

KOCHEN

WASSER 27 l **KOCHDAUER** 1 Std. 10 Min.

Hopfen	Menge	IBU	Zugabe
Magnum 16 %	20 g	35,4	Bei Kochbeginn
Liberty 4,5 %	10 g	1,7	10 Min. vor Kochende
Liberty 4,5 %	30 g	0,0	Bei Kochende
Sonstige			
Irish Moss/Carrageen (E 407)	5 g/25 l		Bei Kochende
Koriandersamen, leicht zerstoßen	25 g		10 Min. vor Kochende

GÄRUNG

GÄRTEMPERATUR 18 °C **LAGERUNG** 2 Wochen bei 12 °C

Hefe

White Labs WLP001 California Ale

Hopfen/Sonstige	Menge	Zugabe
Bobek (Styrian Golding)	50 g	Nach 4 Tagen 1 Woche ziehen lassen
Getrocknetes Zitronengras	4 Stängel	wie oben
Getrocknete Kaffirlimettenblätter	5 g	wie oben
Ingwer, frisch gerieben	50 g	wie oben

Die moderne Version des traditionell nur mit Tannennadeln und Melasse gebrauten Biers bewahrt den harzigen Geschmack, ist aber insgesamt abgerundeter.

Tannenbier

ANFANGSDICHTE 1051 **ERWARTETE ENDDICHTE** 1014 **STAMMWÜRZE** 13 % **BRAUWASSER** 32 l

ERGIBT 23 l **REIFUNG** 6 WOCHEN **VOL.-% CA.** 4,8 % **BITTERE** 25 IBU **FARBE** 15,5 EBC

MAISCHE

WASSER 12,75 l **DAUER** 1 Std. **TEMPERATUR** 65 °C

Schüttung	Menge
Pale Malt	4,4 kg
Caramalz®	500 g
Weizenkaramellmalz	200 g

KOCHEN

WASSER 27 l **KOCHDAUER** 1 Std. 10 Min.

Hopfen	Menge	IBU	Zugabe
Magnum 16 %	14 g	25,0	Bei Kochbeginn
Magnum 16 %	7 g	0,0	Bei Kochende

Sonstige			
Kiefernnadeln	150 g		Bei Kochbeginn
Irish Moss/Carrageen (E 407)	5 g/25 l		Bei Kochende

GÄRUNG

GÄRTEMPERATUR 18 °C **LAGERUNG** 4 Wochen bei 12 °C

Hefe

White Labs WLP013 London Ale

Hopfen	Menge	Zugabe
Apollo 19,5 %	50 g	Nach 4 Tagen 1 Woche ziehen lassen

GEHT SCHNELL!

Ein naturtrübes Biergetränk, ähnlich dem belgischen Witbier, jedoch mit trockenem Honig-Nachklang. Mit Nelken, Orangen und Koriander – einzigartig und erfrischend!

Honig-Gewürzbier

ANFANGSDICHTE 1051 **ERWARTETE ENDDICHTE** 1009 **STAMMWÜRZE** 13 % **BRAUWASSER** 32 l

ERGIBT 23 l **REIFUNG** 4 WOCHEN **VOL.-% CA.** 5,6 % **BITTERE** 11,6 IBU **FARBE** 9,1 EBC

MAISCHE

WASSER 11 l **DAUER** 1 Std. **TEMPERATUR** 65 °C

Schüttung	Menge
Pale Malt	4,4 kg

KOCHEN

WASSER 27 l **KOCHDAUER** 1 Std. 10 Min.

Hopfen	Menge	IBU	Zugabe
Hallertauer Hersbrucker 4,1 %	22 g	10,6	Bei Kochbeginn
Hallertauer Hersbrucker 4,1 %	5 g	0,9	5 Min. vor Kochende
Hallertauer Hersbrucker 4,1 %	6 g	0,1	1 Min. vor Kochende
Sonstige			
Irish Moss/Carrageen (E 407)	5 g/25 l		Bei Kochende
Koriandersamen, leicht zerstoßen	38 g		10 Min. vor Kochende
Bitterorangenschale	16 g		10 Min. vor Kochende
Honig	500 g		10 Min. vor Kochende

GÄRUNG

GÄRTEMPERATUR 24 °C **LAGERUNG** 3 Wochen bei 12 °C

Hefe

Wyeast 3068 Weihenstephan Weizen

MALZEXTRAKT-VERSION

2,7 kg **extrahellen Trockenmalzextrakt** in 27 l Wasser einrühren, aufkochen und den im Rezept empfohlenen Hopfen nach Anleitung zugeben.

GEHT SCHNELL!

Dieses Rezept erinnert eher an ein Ale mit Ingwer als an traditionelles Ingwerbier. Sein würziger Charakter harmoniert hervorragend mit den Zitrusnoten des Hopfens.

Ingwerbier

ANFANGSDICHTE 1045 **ERWARTETE ENDDICHTE** 1011 **STAMMWÜRZE** 11% **BRAUWASSER** 32,5 l

ERGIBT 23 l **REIFUNG** 4 WOCHEN **VOL.-% CA.** 4,5% **BITTERE** 25 IBU **FARBE** 6,3 EBC

MAISCHE

WASSER 13,75 l **DAUER** 1 Std. **TEMPERATUR** 65 °C

Schüttung	Menge
Lagermalz	3,5 kg
Maisflocken	1 kg

KOCHEN

WASSER 27 l **KOCHDAUER** 1 Std. 10 Min.

Hopfen	Menge	IBU	Zugabe
Galaxy 14,4%	14 g	22,9	Bei Kochbeginn
Galaxy 14,4%	7 g	2,1	5 Min. vor Kochende
Galaxy 14,4%	20 g	0,0	Bei Kochende
Sonstige			
Irish Moss/Carrageen (E 407)	5 g/25 l		Bei Kochende
Ingwer, frisch gerieben	150 g		5 Min. vor Kochende

GÄRUNG

GÄRTEMPERATUR 18 °C **LAGERUNG** 3 Wochen bei 12 °C

Hefe

Wyeast 1028 London Ale

TIPP

Geben Sie für einen noch intensiveren, feurigen Geschmack bis zu 300 g frisch geriebenen Ingwer in den kochenden Sud.

GEHT SCHNELL!

Die während der Gärung zugegebenen Himbeeren machen dieses Weizenbier belgischen Stils einfach unwiderstehlich. Ein Sommergetränk, das auch Nicht-Biertrinker überzeugt!

Himbeer-Weizenbier

ANFANGSDICHTE 1050 **ERWARTETE ENDDICHTE** 1012 **STAMMWÜRZE** 12,5 % **BRAUWASSER** 32 l

ERGIBT 23 l **REIFUNG** 4 WOCHEN **VOL.-% CA.** 5,1 % **BITTERE** 15,3 IBU **FARBE** 7,2 EBC

MAISCHE

WASSER 12,5 l **DAUER** 1 Std. **TEMPERATUR** 65 °C

Schüttung	Menge
Lagermalz	2,7 kg
Weizenmalz	2,3 kg

KOCHEN

WASSER 27 l **KOCHDAUER** 1 Std. 10 Min.

Hopfen	Menge	IBU	Zugabe
Challenger 7 %	20 g	15,0	Bei Kochbeginn
Sonstige			
Irish Moss/Carrageen (E 407)	5 g/25 l		Bei Kochende

GÄRUNG

GÄRTEMPERATUR 22 °C **LAGERUNG** 2 Wochen bei 12 °C

Hefe

Wyeast 1010 American Wheat

Sonstige	Menge	Zugabe
Himbeeren	2,5 kg	Nach 2 Tagen 1 Woche ziehen lassen

MALZEXTRAKT-VERSION

3 kg **hellen Trockenmalzextrakt** in 27 l Wasser einrühren, aufkochen und den im Rezept empfohlenen Hopfen nach Anleitung zugeben.

TIPP

Sie können statt der frischen auch Tiefkühl-Himbeeren nehmen – das geht genauso gut und ist meist preiswerter.

GEHT SCHNELL!

Die frischen Erdbeeren geben diesem Sommerbier einen feinen, trockenen Geschmack – keineswegs süß oder übermächtig, vielmehr erfrischend fruchtig!

Erdbeerbier

ANFANGSDICHTE 1044 **ERWARTETE ENDDICHTE** 1010 **STAMMWÜRZE** 11 % **BRAUWASSER** 33 l

ERGIBT 23 l **REIFUNG** 4 WOCHEN **VOL.-% CA.** 4,4 % **BITTERE** 18,4 IBU **FARBE** 8 EBC

MAISCHE

WASSER 14,5 l **DAUER** 1 Std. **TEMPERATUR** 65 °C

Schüttung	Menge
Lagermalz	3,4 kg
Münchner Malz	750 g
Weizenflocken	250 g

KOCHEN

WASSER 27 l **KOCHDAUER** 1 Std. 10 Min.

Hopfen	Menge	IBU	Zugabe
Challenger 7 %	20 g	16,2	Bei Kochbeginn
Celeia (Styrian Golding) 5,5 %	10 g	2,2	10 Min. vor Kochende
Celeia (Styrian Golding) 5,5 %	30 g	0,0	Bei Kochende

Sonstige	Menge		Zugabe
Irish Moss/Carrageen (E 407)	5 g/25 l		Bei Kochende

GÄRUNG

GÄRTEMPERATUR 18 °C **LAGERUNG** 2 Wochen bei 12 °C

Hefe

White Labs WLP001 California Ale

Sonstige	Menge	Zugabe
Erdbeeren	3,5 kg	Nach 4 Tagen 1 Woche ziehen lassen

Die Kiwis verleihen diesem neuseeländischen Witbier ungewöhnliche Zitrusnoten. Die vielschichtigen Fruchtaromen sind ungewohnt, aber sehr köstlich.

Kiwi-Weizenbier

ANFANGSDICHTE 1055 **ERWARTETE ENDDICHTE** 1013 **STAMMWÜRZE** 14% **BRAUWASSER** 32,5 l

ERGIBT 23 l
REIFUNG 6 WOCHEN
VOL.-% CA. 5,5%
BITTERE 22,4 IBU
FARBE 7,7 EBC

MAISCHE

WASSER 13,75 l **DAUER** 1 Std. **TEMPERATUR** 65 °C

Schüttung	Menge
Lagermalz	3 kg
Weizenmalz	2,5 kg

KOCHEN

WASSER 27 l **KOCHDAUER** 1 Std. 10 Min.

Hopfen	Menge	IBU	Zugabe
Challenger 7%	30 g	22,4	Bei Kochbeginn
Celeia (Styrian Golding) 5,5%	20 g	0,0	Bei Kochende
Sonstige			
Irish Moss/Carrageen (E 407)	5 g/25 l		Bei Kochende
Koriandersamen, leicht zerstoßen	25 g		5 Min. vor Kochende

GÄRUNG

GÄRTEMPERATUR 22 °C **LAGERUNG** 4 Wochen bei 12 °C

Hefe
Wyeast 3463 Forbidden Fruit

Sonstige	Menge	Zugabe
Kiwis, geschält und gehackt	1,5 kg	Nach 4 Tagen 1 Woche ziehen lassen

MALZEXTRAKT-VERSION

2,8 kg **extrahellen Trockenmalzextrakt** in 27 l Wasser einrühren, aufkochen und den im Rezept empfohlenen Hopfen sowie die sonstigen Zutaten nach Anleitung zugeben.

Das traditionell in den britischen Kolonien Nordamerikas gebraute Ale war eine preiswerte Alternative zum Malzbier. Es wird leicht gewürzt, um den Kürbischarakter abzurunden.

Pumpkin Ale

ANFANGSDICHTE 1050 **ERWARTETE ENDDICHTE** 1012 **STAMMWÜRZE** 12,5 % **BRAUWASSER** 32 l

ERGIBT 23 l **REIFUNG** 6 WOCHEN **VOL.-% CA.** 5,2 % **BITTERE** 22,8 IBU **FARBE** 15,7 EBC

MAISCHE

WASSER 12,5 l **DAUER** 1 Std. **TEMPERATUR** 65 °C

Schüttung	Menge
Pale Malt	3,4 kg
Münchner Malz	1 kg
Weizenmalz	500 g
Special B Malt	100 g

10 kg Sommerkürbis, 1 Std. gebacken, würfeln und zusammen mit dem Malz einmaischen

---

KOCHEN

WASSER 27 l **KOCHDAUER** 1 Std. 10 Min.

Hopfen	Menge	IBU	Zugabe
Magnum 16 %	12 g	21,8	Bei Kochbeginn
Hallertauer Mittelfrüher 5 %	9 g	1,0	5 Min. vor Kochende
Sonstige			
Irish Moss/Carrageen (E 407)	5 g/25 l		Bei Kochende
Zimtstange	1 Stck.		5 Min. vor Kochende
Ingwerpulver	½ TL		5 Min. vor Kochende
Vanilleschote	1 Stck. (2 cm)		5 Min. vor Kochende
Gewürznelken, zerdrückt	2 Stck.		5 Min. vor Kochende

GÄRUNG

GÄRTEMPERATUR 18 °C **LAGERUNG** 5 Wochen bei 12 °C

Hefe

White Labs WLP001 California Ale

GEHT SCHNELL!

Vor der Verwendung von Hopfen würzte man Bier mit Brennnesseln. Dieses Rezept nutzt beides: die derbe Würze der Nesseln und blumige Zitrusnoten des Hopfens.

Brennnesselbier

ANFANGSDICHTE 1041 **ERWARTETE ENDDICHTE** 1010 **STAMMWÜRZE** 10% **BRAUWASSER** 31 l

ERGIBT 23 l **REIFUNG** 4 WOCHEN **VOL.-% CA.** 4% **BITTERE** 25 IBU **FARBE** 9,3 EBC

MAISCHE

WASSER 10 l **DAUER** 1 Std. **TEMPERATUR** 65 °C

Schüttung	Menge
Pale Malt	3 kg
Münchner Malz	1 kg

KOCHEN

WASSER 27 l **KOCHDAUER** 1 Std. 10 Min.

Hopfen	Menge	IBU	Zugabe
Fuggle 4,5%	38 g	20,1	Bei Kochbeginn
Willamette 6,3%	19 g	4,9	10 Min. vor Kochende
Celeia (Styrian Golding) 5,5%	19 g	0,0	Bei Kochende
Sonstige			
Brennnesselblätter, frisch gepflückt	100 g		Bei Kochbeginn
Irish Moss/Carrageen (E 407)	5 g/25 l		Bei Kochende

GÄRUNG

GÄRTEMPERATUR 18 °C

LAGERUNG 3 Wochen bei 12 °C

Hefe

Wyeast 1275 Thames Valley Ale

Nützliche Informationen

HÄUFIG GESTELLTE FRAGEN

1. Wie kann ich den Alkoholgehalt meines Biers erhöhen?

Ganz einfach: Geben Sie mehr Zucker zu. Während der Gärung wandelt die Hefe diesen zusätzlichen Zucker um und produziert unter anderem weiteren Alkohol. Am besten verwenden Sie Trockenmalzextrakt (TME) als Zuckerlieferant, der für zusätzlichen Alkohol sorgt, ohne dabei die Süße des Biers zu verstärken. Vergessen Sie nicht, dass die Hefe nur eine bestimmte Menge zusätzlichen TME oder Zucker fermentieren kann. Hier eine Faustregel für einen Sud von 23 Litern:

- 500 g TME erhöhen den Alkoholgehalt um ungefähr 0,5 %.
- 1 kg TME erhöht den Alkoholgehalt um ungefähr 1 %.
- 500 g brauner Zucker erhöhen den Alkoholgehalt um ungefähr 0,9 %.
- 500 g Ahornsirup erhöhen den Alkoholgehalt um ungefähr 0,7 %.
- 1 kg Honig erhöht den Alkoholgehalt um ungefähr 0,7 %.

2. Warum ist die Anfangsdichte meiner Würze geringer als erwartet?

Dafür gibt es drei mögliche Gründe:

- Sie haben zu viel Wasser zu einem Bierkit- oder Extraktrezept gegeben. Bei Maischebrau-Rezepten könnte die Vermaischung zu niedrig sein.
- Sie haben die Würze eines Kit- oder Extraktrezepts nicht gründlich durchgerührt. Dadurch liegt noch Zucker am Boden des Bottichs und die Dichte oben im Messbereich ist zu gering.
- Die vorfermentierte Würze war bei der Messung zu kühl oder zu heiß. Bierspindeln (Hydrometer) sind auf die Ablesung bei einer bestimmten Temperatur (meist 20 °C) geeicht. Weicht die Temperatur der Würze zu stark davon ab, wird die Messung ungenau.

3. Wie lange hält sich mein Bier?

Solange das Bier nach dem Abfüllen in Flaschen oder Fässer nicht oxidiert, sollte es sich mehrere Monate halten. Viele Bierstile profitieren sogar von einer längeren Lagerung.

4. Woran erkenne ich, dass die Gärung begonnen hat?

An der Schaumbildung, den sogenannten Kräusen. Sie entstehen in der Regel innerhalb der ersten 24 Stunden nachdem die Hefe angestellt wurde. Die Kräusen schützen das Jungbier während der Gärung vor Verunreinigung. Alternativ prüfen Sie den Gärprozess, indem Sie die Dichte des Suds mithilfe der Bierspindel messen: Die Gärung ist im Gange, wenn die aktuelle Dichte geringer ist als die Anfangsdichte. Hat die Gärung binnen 48 Stunden noch nicht begonnen, überprüfen Sie die Temperatur und regulieren Sie sie bei Bedarf nach. Stimmt die Temperatur, müssen Sie mehr Hefe anstellen.

5. Warum schmeckt mein Bier schal?

Ein Bier wird schal, wenn Sie bei der Nachgärung nicht ausreichend Zucker zugegeben haben oder wenn der Zucker aufgrund einer falschen Lagertemperatur nicht vergären konnte. Falls Sie Ihr Bier in einem Fass lagern, versuchen Sie Kohlendioxid zuzugeben. Untersuchen Sie die Verschlüsse auf Lecks.

UMRECHNUNGSTABELLEN

Die Rezepte in diesem Buch ergeben etwa 23 Liter.

Liter in Fluid Ounces (UK)	× 35,195
Liter in Cups (US)	× 4,227
Liter in Pints (UK)	× 1,76
Liter in Pints (US)	× 2,11
Liter in Gallons (UK)	× 0,22
Liter in Gallons (US)	× 0,26
Gramm in Ounces	× 0,035
Kilogramm in Pounds	× 2,205
°C in °F	× 1,8, dann + 32
°F in °C	- 32, dann ./. 1,8

RECHTLICHES

In **Deutschland** unterliegt das Bierbrauen der Steuerpflicht. Heimbrauer dürfen pro Kalenderjahr jedoch bis zu 200 Liter Bier brauen, ohne dafür Steuern zahlen zu müssen, wenn sie es ausschließlich für den privaten Gebrauch herstellen und nicht verkaufen. Bevor Sie mit dem Brauen beginnen, müssen Sie dem zuständigen Hauptzollamt formlos mitteilen, wann Sie mit dem Brauen beginnen und welche Menge mit welchem Stammwürzegehalt Sie voraussichtlich brauen werden. Mehr dazu finden Sie unter www.zoll.de, Stichwort „Privatpersonen".

Heimbrauer in **Österreich** und in der **Schweiz** benötigen keine behördliche Anmeldung oder Bewilligung und unterliegen keiner Steuerpflicht, solange sie das Bier ausschließlich für den privaten Genuss herstellen.

NÜTZLICHE WEBSITES UND FOREN

Hilfreiche Internetadressen für Heimbrauer, in wertungsfreier Reihenfolge.

www.besser-bier-brauen.de
Hobbybrauer-Forum mit zahlreichen Zusatzinformationen.

hb.ikma.de
Hobbybrauer-Wiki mit Forum und vielen Informationen rund ums Hobby.

www.brauen.de
Zubehörhandel mit Informationen zum Hobbybrauen und Forum.

www.satkau1.de
Hobbybrauer-Versand des Fachbuch-Autors Udo Krause.

kgbrauereien.org
Website der Kampagne für gutes Bier e.V., mit vielen Informationen rund ums Bier.

www.braupartner.de
Hobbybrauer-Versand mit Infos und Berechnungshilfen für Brauer.

www.brouwland.com
Versand für Zubehör zum Selbermachen von Wein, Bier, Likör und Käse.

www.my-bier.de
Spezialversand für Hausbrauer mit Informationen und Anleitungen, u.a. für Bierkits.

www.vierka.de
Versandhandel für Heimbrauer, Informationen, Literatur.

www.mrmalty.com und
www.brewersfriend.com
Onlineprogramme zur Berechnung der Startermenge – in englischer Sprache.

www.holzeis.com
Österreichischer Fachversand für Hobbybierbrauer, Brau-Workshops, Literatur.

www.beerlabelizer.com
Designvorlagen für Flaschenetiketten zum Selbstgestalten und Ausdrucken – in englischer Sprache.

www.hobbybrauer.de
Forum für Hobbybrauer.

www.wirbrauen.ch
Schweizer Hobbybrauerplattfporm.

Glossar

Kursiv gesetzte Begriffe finden Sie ebenfalls im Glossar.

Abläutern Das Trennen der Maische in *Treber* und *Würze*. Die flüssige Würze wird dabei von den festen Bestandteilen der Maische abgezogen.

Ale Ein mit obergäriger Hefe gebrautes Bier.

Alphasäuren Verursachen die Bittere eines Biers. Werden beim Kochen aus dem Hopfen freigesetzt.

Anfangsdichte Die Dichte der *Würze*, bevor die *Gärung* einsetzt.

Anschwänzen Das Ausspülen von Zucker aus den *Trebern*.

Anstellen Die Zugabe von Hefe zur *Würze* im Gärbottich, um die *Gärung* in Gang zu setzen.

Anstellphase (Vermehrungsphase) Der Zeitraum, in dem die Hefe sich vermehrt, bevor die *Gärung* einsetzt.

Ausflocken Das Verklumpen und Ausfallen von Hefezellen während der *Gärung*.

Belüften Einbringen von Sauerstoff in die *Würze* zur *Gärung*.

Bierspindel *siehe Hydrometer*

Carrageen/Karrageen *siehe Irish Moss*

Darren Prozess des Trocknens und Röstens des *Grünmalzes*.

Dekoktion Eine Brautechnik, bei der ein Teil der Maische entnommen und separat gekocht wird. Anschließend wird er wieder in den Kessel gegeben, um dort die Temperatur zu erhöhen.

Diacetyl Ein Nebenprodukt der *Gärung*. Kann Geschmack und Aromen von Butter oder Butterkaramell verursachen.

EBC (European Brewery Convention) Ein Maß für die Farbe von *Malzen* und Bieren – je höher die Zahl, desto dunkler die Farbe.

Enddichte Die Dichte des Biers, nachdem die *Gärung* abgeschlossen ist.

Enzyme Biokatalysatoren, die biochemische Prozesse auslösen oder beschleunigen.

Ester Fruchtig schmeckende chemische Verbindungen, die während der *Gärung* entstehen.

Extrakt Die Summe der löslichen Stoffe, die normalerweise aus dem *Malz* oder *Zusatzstoffen* stammen.

Gäraufsatz Kleiner ventilartiger Aufsatz, der Kohlendioxid aus dem Gärbottich austreten, aber keine Luft eindringen lässt.

Gärung Die Umwandlung der im *Malz* enthaltenen Stärke in Zucker und Kohlensäure mithilfe von Hefe.

Gärventil *siehe Gäraufsatz*

Geschlossene Gärung *Gärung* in einem verschlossenen Behälter, der in der Regel mit einem *Gäraufsatz* versehen ist.

Grünmalz Getreide, das gekeimt hat, vor dem *Darren*.

Hauptgärung Die aktivste Phase der *Gärung*, bei der die Hefe den Zucker in der *Würze* in Alkohol und Kohlensäure umwandelt.

Hausenblase (Isinglass) Gelatineartige Substanz aus der Schwimmblase einer Störart. Wird als *Schönungsmittel* verwendet.

Heißtrub In der *Würze* gelöste Eiweiße, die beim Kochen verkleben und ausfallen.

Hopfenpellets Zermahlene und in Zylinderform gepresste Hopfendolden.

Hopfenstopfen Die Zugabe von frischem Hopfen nach einigen Tagen der *Gärung*.

Hydrometer (Bierspindel) Ein Gerät zur Messung der Dichte einer Flüssigkeit.

IBU (International Bitter Units) Standardmaß für die Konzentration der *Alphasäuren* im Hopfen.

Irish Moss (Carrageen, Karrageen) Ein *Schönungsmittel*, das während des Abkühlens des Sudes zugegeben wird; es lässt Eiweiße ausfallen, um das Bier zu klären (zu »schönen«).

Isinglass *siehe Hausenblase*

Kalttrub In der *Würze* gelöste Eiweiße, die beim schnellen Abkühlen verkleben und ausfallen.

Karbonisierung Die Anreicherung eines Biers mit Kohlensäure.

Keimung Die Phase des *Mälzens*, bei dem die Getreidekörner austreiben.

Kieselgur *Schönungsmittel* aus den Schalen fossiler Kieselalgen, das zu Klärung des Biers eingesetzt werden kann.

Körper Ein Maß für die Fülle (die Substanz) des Mundgefühls beim Verkosten eines Biers.

Kräusen Eine dicke Schaumschicht, die sich zu Beginn der *Gärung* auf der *Würze* bildet.

Lager Ein mit untergäriger Hefe meist bei niedrigen Temperaturen gebrautes Bier.

Lovibond Maß für die Farbintensität des Biers; wurde vor der Einführung von *EBC* und *SRM* weithin verwendet.

Maischen Das Einweichen von *Malz* in heißem Wasser; damit wird die enzymatische Umwandlung der im Malz enthaltenen *Stärke* in vergärbare Zucker ausgelöst.

Maltose Malzzucker, der beim *Mälzen* entsteht und die Hefe während der *Gärung* ernährt.

Malz Getreide (meist Gerste), das während des *Mälzens* eingeweicht wurde, gekeimt hat und anschließend gedarrt wurde.

Mälzen Der Prozess, bei dem aus Getreide (meist Gerste) *Malz* entsteht.

Malzextrakt Eine süße, zuckerhaltige Lösung, die beim *Maischen* entsteht und aufkonzentriert wurde.

Nachguss *siehe Anschwänzen*

Nachzuckern Die Zugabe von Zucker zum Jungbier vor der Abfüllung in Fässer oder Flaschen. Der Zucker vergärt und erzeugt dabei Kohlensäure.

pH-Wert Das Maß der Säure oder Alkalität einer Lösung auf einer Skala von 1 bis 14: 1 = maximal sauer, 7 = neutral, 14 = maximal alkalisch.

Real Ale Ein Bier, das ohne Zufuhr fremder Kohlensäure aus einem Fass ins Glas serviert wird.

Schlauchen Das Umfüllen einer Flüssigkeit von einem Behälter in den anderen.

Schönungsmittel (Klärungsmittel) Substanzen, die das Bier von trübenden Eiweißen und abgestorbenen Hefezellen klären.

Schrot Die Mischung zerkleinerter Malzkörner für die Maische.

Schüttung Die zum *Maischen* benötigte Menge an Malzschrot.

SRM (Standard Reference Method) Eine Alternative zur *EBC*-Farbskala.

Stammwürze Der Anteil der in der *Würze* gelösten Stoffe vor der Gärung.

Stärke Der Hauptenergiespeicher der meisten Pflanzen.

Starterkultur Eine kleine Menge Bierhefe, die normalerweise vor dem *Anstellen* angesetzt wird, um die Gesamtzahl der aktiven Hefezellen zu erhöhen.

Sterilisieren Das Abtöten unerwünschter Bakterien.

Sudpfanne Kessel, in dem die *Würze* mit Hopfen gekocht wird.

Tannine Den Gaumen zusammenziehende Verbindungen, meist in den Getreidespelzen und Hopfendolden zu finden.

Treber Die festen Bestandteile der Maische, die beim *Abläutern* zurückbleiben.

Trub (Depot) Die Sedimentschicht aus Eiweiß und abgestorbenen Hefezellen, die sich am Boden des Gärbottichs bildet.

Vergärung Das Abnehmen der Dichte der *Würze*, während die Hefe den Zucker in Alkohol umwandelt.

Vergärungsgrad Prozentualer Anteil des Zuckers, der in der *Gärung* umgewandelt wurde. Die meisten Biere weisen einen Vergärungsgrad von 60–80 % auf. Formel: *(Anfangsdichte - Enddichte)/ Anfangsdichte.*

Volumenprozent (Vol.-%) Alkoholgehalt, gemessen als Volumenanteil des Alkohols am Gesamtvolumen des Biers.

Vorderwürze Die beim *Abläutern* von den *Trebern* getrennte, verdünnte *Würze*.

Würze Die zuckerhaltige Lösung aus der Maische, die durch die *Gärung* zu Bier wird.

Zusatzstoff Jeder vergärbare Rohstoff, der ohne Enzyme in Zucker umgewandelt werden kann.

Register

Kursiv gesetzte Seitenzahlen verweisen auf Rezepte. Anmerkungen zu den Rezepten finden Sie auf S. 78f.

REGISTER

H

I

REGISTER

T

U

Über den Autor

Greg Hughes ist erfahrener Hobbybrauer, führender Vertreter der Hobbybrauindustrie sowie Miteigner und Gründer von BrewUK, einem der größten Internetversandhandel samt Forum für Hobbybrauer in Großbritannien. Zusammen mit einigen der führenden britischen Brauereien organisiert er landesweite Wettbewerbe; zudem unterstützt er Hobbybrauer aller Erfahrungsstufen dabei, ihre Produkte kontinuierlich zu verbessern. Greg Hughes nutzt seine umfassende Erfahrung auf allen Gebieten des Heimbrauens, um eine bunte Vielfalt an Biergetränken herzustellen.

Dank

Dank des Autors: Ich möchte mich vor allem bei meiner Frau Tanya und meinen Kindern Rico und Macy bedanken. Ohne ihre Unterstützung während all der langen Brautage in der Garage hätte ich dieses Buch niemals schreiben können.

Der Verlag dankt: Phil Robins von der Longdog-Brauerei für die Überprüfung der Rezepte, Tony Briscoe und Ian O'Leary für die Fotos, Wei Tang für die Requisite, Kate Fenton für die kreative Mitarbeit, Chris Mooney und Elizabeth Clinton für die redaktionelle Mitarbeit und Jane Bamforth für das Lektorat.

Bildnachweis: S. 14 unten rechts: Ausschnitt aus einem Holzschnitt von J. Ammon aus dem 16. Jahrhundert, zuvor erschienen in *The Brewer's Art* von B. Meredith Brown.

Achtung: Bitte gehen Sie vorsichtig vor, während Sie den Anleitungen in diesem Buch folgen, vor allem, wenn Sie große Mengen an Flüssigkeit kochen und bewegen. Der Verlag lehnt jede Verantwortung für Schäden ab, die aus der Verwendung der Anleitungen in diesem Buch entstehen.